# 竞技运动训练理论与方法创新研究

王增平◎著

吉林出版集团股份有限公司
全国百佳图书出版单位

图书在版编目（CIP）数据

竞技运动训练理论与方法创新研究 / 王增平著 . --
长春 : 吉林出版集团股份有限公司 , 2023.6
ISBN 978-7-5731-3926-9

Ⅰ . ①竞… Ⅱ . ①王… Ⅲ . ①竞技体育—运动训练—
研究 Ⅳ . ① G808.1

中国国家版本馆 CIP 数据核字 (2023) 第 126815 号

竞技运动训练理论与方法创新研究
JINGJI YUNDONG XUNLIAN LILUN YU FANGFA CHUANGXIN YANJIU

著　　者　王增平
责任编辑　蔡大东
封面设计　李　伟
开　　本　710mm × 1000mm　　1/16
字　　数　219 千
印　　张　12
版　　次　2024 年 1 月第 1 版
印　　次　2024 年 1 月第 1 次印刷
印　　刷　天津和萱印刷有限公司

出　　版　吉林出版集团股份有限公司
发　　行　吉林出版集团股份有限公司
地　　址　吉林省长春市福祉大路 5788 号
邮　　编　130000
电　　话　0431-81629968
邮　　箱　11915286@qq.com
书　　号　ISBN 978-7-5731-3926-9
定　　价　72.00 元

# 作者简介

**王增平**，山东郓城人，2001年毕业于西安体育学院，现在山东体育学院工作。研究方向：体育教育和竞技运动训练。近年来主要讲授跆拳道、空手道、拳击等课程。主持并完成全国大学生体育协会科研项目1项，主持完成校级教改课题2项，参编《高等体育教学理论与实践研究》《全民健身视角下体育产业发展研究》，以第一作者发表论文5篇。带领和指导学生参加全国大学生体育竞赛并多次获奖。

# 前 言

目前，全球范围内的激烈竞争体现在多个领域，在竞技运动领域的竞争也日益显著。为了提升我国在国际竞争中的地位，我们应重视竞技运动事业的发展和推广。在竞技运动中，竞技运动训练作为一种特殊的社会实践活动，其主要目的就是通过科学的训练方法，使运动员获得良好的身体素质、高超的技术动作水平及良好的心理状态等，以适应未来比赛需要。运动员的运动能力和运动成绩的提高在很大程度上取决于竞技运动训练的进展，而竞技运动训练的质量则直接影响着体育运动的水平和发展。随着社会经济的不断发展，人们生活质量逐渐得到提升，对于体育的需求也越来越高。因此，为了推动体育运动和体育事业的蓬勃发展，我们应当重视竞技运动训练的不断创新和提升。此外，竞技运动训练理论和科学方法等方面也在不断演进和完备。尤其是近年来，伴随着体育科学技术的不断进步，出现了一系列全新的、先进的竞技运动训练方法和手段，极大地丰富了体育竞技运动训练理论。本书将围绕竞技运动训练理论与方法创新研究展开论述。

第一章为竞技运动训练理论概述，分别介绍了竞技运动训练的发展历史、竞技运动训练的特点与要素、竞技运动训练对机体的影响、竞技运动训练理论发展的困惑与途径、竞技运动训练的发展趋势；第二章为竞技运动训练的科学基础，分别介绍了生理基础与竞技运动训练、教育基础与竞技运动训练、项群理论基础与竞技运动训练、管理基础与竞技运动训练；第三章为竞技运动训练的基本原则，分别介绍了专项训练深化与系统不间断性原则、周期安排训练与适宜负荷训练原则、适时恢复训练与区别对待训练原则；第四章为竞技运动训练的处方与监督，分别介绍了竞技运动训练的营养处方、竞技运动训练的运动处方、竞技运动训练的医务监督、竞技运动训练的自我监督；第五章为竞技运动训练的方法与创新，分别介绍了竞技运动训练的方法概述、竞技运动训练的体系与应用、竞技运动的体能训练内容与创新、竞技运动的技能训练内容与创新。

在撰写本书的过程中，作者得到了许多专家、学者的帮助和指导，参考了大量的学术文献，在此表示真诚的感谢！限于作者水平有限，加之时间仓促，本书难免存在一些疏漏，在此，恳请同行专家和读者朋友批评指正。

王增平

2023 年 1 月

# 目录

# 第一章 竞技运动训练理论概述

本章主要介绍竞技运动训练理论概述，从五个方面进行了阐述，分别是竞技运动训练的发展历史、竞技运动训练的特点与要素、竞技运动训练对机体的影响、竞技运动训练理论发展的困惑与途径、竞技运动训练的发展趋势。

## 第一节 竞技运动训练的发展历史

### 一、初级任意训练阶段

从古代奥运会到20世纪20年代，参加竞技运动训练的只是极少数人，参加比赛的就更寥寥无几。人们对竞技运动训练的认识停留在原始的初级阶段，只是在参加比赛前训练几次或几周，没有专业的运动员和科学的训练周期，人们都处于想怎么练就怎么练的任意训练阶段。在比赛中获胜的往往是身体某方面体能突出者，如身健力大者在投掷项目中力拔头筹，善跑者在中长距离跑中夺魁，爆发力、弹跳力较好的矫健者在短跑、跳跃项目中取得优胜。这样的运动技术是粗糙的，如运动员的起跑动作各不相同，投掷姿势五花八门。没有专业的人员对竞技运动训练方法及运动技术做专门的研究。比赛中的技术动作近乎人们平时基本活动的自然动作。

竞技运动训练的科学理论与方法伴随着现代奥林匹克运动的发展而逐步完善，最终形成完整的理论体系——竞技运动训练学。在20世纪20年代，苏联便开始了竞技运动训练原理的研究，并形成了一本阐述训练学方面的专著——《科学的训练原理》。

## 二、技术革新和大运动量训练阶段

从20世纪30年代开始，随着体育运动的普及，参加体育运动的人越来越多，奥运会比赛项目也逐渐增多，参加各种竞技运动训练的人数和参加比赛的运动员也越来越多。为了在比赛中取得优胜，对比赛前的竞技运动训练提出了进一步的要求，单纯靠体能的强健和简单的运动技术已不能在比赛中占据优势。

因此，人们对竞技运动训练和运动技术开始做专门的分析和研究，并开始了全年的系统训练，把全年划分为基本的准备期、比赛期和休整期，并对运动量、负荷强度、间歇密度和训练方法进行探讨和交流，进而总结出了一些竞技运动训练的理论和规律。在运动技术上不断创新发现，如跳远的动作从蹲踞式发展到挺身式，又发展到空中走步式，从走两步半到走三步半，使空中动作更加完善。推铅球的技术从原地推到侧向滑步推、背向滑步推和旋转式推，使成绩不断提高。跳高的技术发展更快，从跨越式、剪式发展到先进的俯卧式，20世纪70年代又发明了背越式，使跳高世界纪录一再提高。人们在实践的过程中发现，唯有通过不断积累训练量，才能真正实现质的有效提升。运动员开始由一天训练一次，到一天训练两次，甚至出现了若干运动项目一天训练三次。保加利亚举重运动员率先施行一天三次大运动量训练，在举坛上异军突起，使其成为举重强国。

实际上，竞技运动的训练在这一时期，仍然缺乏科学依据，竞技指导者通常会按照个人经验，或者对某位优秀运动员的技术动作进行模仿，之后结合个人实际开展训练，甚至有些人会根据驯马的实践经验决定运动员的训练量。美国是第一个出现真正意义上竞技运动训练的国家，通过每日安排两次训练的方式，已经取得了显著的成效，并开始在一些运动项目中推广应用。这一时期的竞技运动训练，基本上是以教练员为主导的。

20世纪40年代初，竞技运动训练的理论体系初步形成，但直到20世纪六七十年代，才初步形成现代意义上的竞技运动训练学。此后，出现了许多水平较高的竞技运动训练学专著，如苏联马特维也夫编著的《竞技运动训练分期问题》，民主德国哈雷博士主编的《〈竞技运动训练学〉函授讲义》。

我国运动员从20世纪50年代起，贯彻“三从一大”的训练原则，在广大教练员、运动员的辛勤努力下，使一些项目的运动成绩进入了世界水平。在竞技运动训练方法上，先后出现了“利迪亚德训练法”“全能训练法”。“利迪亚德训练法”能够有效指导中长跑训练，并对世界中长跑成绩的提高起到了重要作用。苏联采用的训练田径运动员的“全能训练法”也被各国普遍采用。

随着社会的进步、科技的发展，在竞技运动训练上投入了大量的人力和财力，各项运动技术日趋先进，大运动量的训练使运动员的身体机能得到较大的提高，各项运动成绩日新月异。

我国的竞技运动训练学领域的学者，在20世纪八九十年代，为竞技运动训练学的理论建设作出了卓越的贡献。田麦久等优秀的学者在1983年科学地划分了主要竞技运动项目，并且以此为基础提出了一种新的理论层次。随后，在1990年发表了一篇名为《项群训练理论及其应用》的论文，8年后，又出版了一本名为《项群训练理论》的研究专著，该专著对8个不同主导竞技能力下的项群训练特点进行了详细阐述，从而进一步优化和完善了竞技运动训练的理论体系。

## 三、现代科学化训练阶段

从20世纪80年代开始，世界经济高速发展，社会进入了电子和信息时代，科技发展的速度越来越快。现代通信设备和技术的发展，使信息获取的速度和手段大大加快和增多，新的训练方法和运动技术难以再被垄断。运动器材和训练设备的改进，更有利于发挥人体的运动能力，科技成果在现代竞技运动训练中的应用范围越来越广，运动员选才不再只靠“眼观尺量”，而开始交叉采用电脑技术、遗传学、生物工程学技术、人体测量学等知识；在运动员选才上实现了早期科学选才及目标跟踪，使成材率大大提高。

在训练计划的制订和新技术、战术的创新演练方面，高科技成果优势大放异彩，把对手比赛中的技战术拍摄录像后输入计算机，通过计算机专门系统的分析处理就可以编制出相应的战术对策。早在1982年，美国女排就成功地运用电脑技术，研制了对付中国女排的比赛方案，赛前做了充分的准备，1984年在洛杉矶奥运会预赛中以3：0战胜了中国女排。使用电脑控制训练计划的制订和管理系统输入运动员的有关数据，也可以制订出一份科学的训练计划，使训练更加具有针对性。

就竞技运动训练理论的研究而言，可以将其划分为两个主要的派别，一是以中国、俄罗斯和德国为代表的国家，比较注重对理论体系完整性和严谨性的深入探究，在长期工作中积累了大量宝贵经验；二是以美国为代表的国家，其对具体运动项目训练方法的研究注重实用性，集中精力深入研究单学科。近些年来，我国学者在竞技运动训练的基本理论方面不断推出新的研究成果，出版了一系列竞技运动训练学领域的研究性专著。这些独具特色并有重要理论价值的研究进展，被曹景伟等称为竞技运动训练学理论的“中国流”。

随着科技的发展，现代训练科学化是体育科学和竞技运动训练学发展的必然结果，也是世界范围内科学技术的飞速发展和现代高水平的竞技运动对竞技运动训练提出的更高要求。现代科学技术对体育领域的介入是强有力的和全方位的，竞技选手创造优异成绩的艰巨性的现状也迫切地要求科技的全面介入，在现代竞技运动的训练实践中，运用科学化的训练方法与科技成果，可以使运动员的竞技水平得到显著提升。在科学化训练阶段，竞技运动训练步入了崭新的科学时代，同时带来了各项运动技术的日趋发展完善和各项竞技运动水平快速提高的成果，使赛场上的竞技水平更高和更为激烈。

世界范围内高新技术的发展和普及，使现代科技成果在竞技运动训练上的运用会越来越广泛，必将给竞技运动训练带来新的发展和飞跃。

## 第二节　竞技运动训练的特点与要素

### 一、竞技运动训练的特点

竞技运动训练目标专一，任务多样；内容复杂，方法多样；过程长期，安排系统；计划科学，有针对性；负荷极限，重视应激；效果具有表现性，表现方式有差异性。这些就是竞技运动训练的特点。

#### （一）目标专一，任务多样

为了追求卓越的运动成绩，竞技运动训练的目标是高度专注于特定的训练项目和内容，这些项目和内容都具有一定的专业性。同时，由于运动员个体之间存在着明显差异和差别表现，因而对他们进行专门训练时，必须针对每个人自身特点采取针对性强的训练方法和措施，才能取得最佳效果。伴随着现代竞技运动的蓬勃发展，比赛的竞争日益激烈，因而对运动员的多方面能力提出了更高的要求，即要求他们不断突破自我，创造新的成绩，这就需要对运动员进行全方位的科学训练。所以，为了满足运动专项的特殊要求，需要在不同的训练阶段采用多种手段开展专项训练，绝不是简单的全面训练，这就需要教练员能够根据具体项目特点，确定适宜的训练方法和手段，并将这些方法与技术有机结合起来。从某种意义来说，竞技运动训练与其他体育项目的训练方法相比，其侧重点有所不同。在竞技运动训练中，虽然重点强调了特定领域的专门性训练，但并不排斥其他有助于提高专项运动能力的训练方法和内容。其实，众多竞技运动训练项目之间，均存在相互借鉴、相互参考，以及对提升自身能力和水平有益的方法。任何一项运动项目或其内容的特点，又在一定程度上决定了它所要求的专门技术动作必须具有一定难度。由此可见，专业的运动项目与内容，不仅限于特定领域，也包括竞技运动训练的目标和可能性。

竞技运动的训练虽然具有十分明显的专业性，但是训练任务却呈现出多样性的特点。有的竞技运动训练项目不但要开展各种体能训练，还要开展技术训练；不但要开展战术训练，还要开展心理素质训练。这些任务既有训练因素方面的训练任务，也有非训练因素的训练任务。

### （二）内容复杂，方法多样

竞技运动训练功能和任务是多样的，训练过程是复杂的，而竞技运动训练内容也表现出复杂的特点，这也就要求运动员不断探索更多的训练方法、手段，并在此过程中进行科学合理的优选。现代竞技运动训练的基本手段是开展身体练习，而只有进行各种身体练习才有可能提高运动能力。在训练实践的过程当中，不仅需要严格按照不相同的任务，选择最佳和最有效的手段、方法，以使训练效果得到较大幅度的提升，也需要通过不同的手段和方法，努力实现同一目标，以便将运动员的兴趣充分激发出来，使他们可以自发、自觉、主动、积极地开展训练。

### （三）过程长期，安排系统

运动员的生理节奏不断循环变化，运动竞赛的安排也呈现出周期性特征，需要按照动态节奏，有节奏地提高运动负荷量与增加训练内容，可见竞技运动的训练也是一个漫长的过程。由于比赛时身体机能处于不断调整的状态中，所以对教练员来说，如何在赛前制订出科学有效的计划，使之成为一个有机整体，并能长期保持下去，就显得非常重要了。运动员只有经过漫长、系统的科学训练，有机体才能逐渐适应训练强度，形成良好的训练模式。运动员想要在短时间内，达到世界水平的成绩几乎是不切实际的，需要经过多年的系统化训练才可以实现。通过大量科学的训练方法，才能使运动员形成较好的生理生化机能状态，以保证完成高水平的比赛任务。运动员的运动能力提升过程，实质上是一种有机体在适应训练刺激的过程中，逐渐从数量到质量的改变，这种适应性的发展可以通过大量重复练习实现，也就是我们常说的“长时期”或“长年累月”式的训练。在竞技运动的训练过程中，若缺乏充足的时间和大量的经验积累，则无法实现质的变化与提升。因此，本书认为在高水平体育活动之前，必须制定出一个比较长远的训练任务，以便更好地满足运动员的需求，使他们有足够的精力来投入下阶段的工作中，同时为了确保长期训练的有效性，必须制订一份科学严谨的训练计划，将长期和阶段性的计划有机地结合在一起。

#### （四）计划科学，有针对性

随着现代训练科学化水平的不断提高，竞技运动训练计划的科学性得到了显著体现，教练员和运动员在实施训练的时候，以训练计划为基础，缺乏计划的训练只是一种漫无目的的散漫训练方式，有了科学性的计划才能够保证整个训练过程有条不紊地进行下去，从而取得最佳成绩。因此，缺乏科学的计划和安排，是很难得到理想的训练效果的。

个人的竞技运动训练就本质而言是一个人的训练过程。运动员的运动成绩受多种因素的影响，如天赋才能、心理素质等。对高水平运动员来说，必须具备相当高的身体素质、专项技能和良好的意志品质等基本素质。在对运动员进行专项训练时，必须根据其特点采取适宜的训练方法。个体之间的基本能力存在着显著的差异，这些差异是能够相互弥补的，通过有针对性的训练刺激，能使运动员的潜能得到深度的挖掘与充分的发挥，从而进一步提高他们的训练水平。因此，进行科学有效的个体或群体的专项训练都必须考虑到这种差异性。在开展篮球、足球等集体对抗项目训练时，因为分工与位置有一定的差异，所以需要进行个性化的训练，以确保训练效果的最大化。

**（五）负荷极限，重视应激**

在开展竞技运动的训练时，唯有通过对运动员的机体施加强烈的刺激，方能将机体的反应充分激发出来，从而深度挖掘机体最大的机能、潜能。这就需要有一个适宜的生理条件作为基础，即合理的负荷水平。假如运动员无法承受较大的训练内容与极限负荷，是很难同现代比赛要求相适应的，因此，运动员必须具备相应的适应能力。在竞技运动训练中要强调合理运用各种训练方法与手段，提高训练效果，以达到事半功倍的目的。随着现代竞技运动的不断发展，为了在竞争激烈的比赛中取得胜利，训练量和强度在日常训练中已经远超出比赛的需求，这也是竞技运动训练的趋势。当前，全球各国均倾向于采用这种“超量”的培训理念。为了确保运动员能够完成艰苦的训练任务，需要进行一系列高强度的训练，这些训练已超出普通人的承受能力。对于教练员来说，要根据不同的项目特点制订出合理的训练计划，满足运动员对身体条件和能力训练的需求。当运动员在某一训练阶段所承受的负荷达到其个体极限并适应时，就需要相对地进一步提高其负荷水平。

竞技运动训练的目标在于深度挖掘和全面发挥人体机能的巨大潜能，提高人体运动能力则是增强人体适应能力的关键。随着现代体育运动项目不断发展和进步，人们对身体运动能力提出了更高的标准和要求，这也使得许多优秀体育工作者开始致力于研究，如何在最短时间内达到最好效果的方法。为了增强人体的快速适应能力，通过多种运动应激刺激，以便能做到最大限度地影响运动员的机体，如果运动员不具备一定的适应条件，其生理和心理反应会受到严重影响，只有那些能够承受高强度负荷的运动员，方能在运动中取得卓越的成绩。运动员的专项运动成绩实际上将他们对特定负荷强度的承受能力反映出来，随着负荷强度的提高，运动员的运动成绩也会相应地提高；反之，则越弱，说明负荷强度与机体功能之间存在着一定的相互关系。因此，在竞技运动训练的过程中，必须严格按照机体机能的适应性规律，以科学的方式增加运动负荷，直到达到最大负荷。

## 二、竞技运动训练的要素

### （一）训练时间

为确保竞技运动训练的有效性，一般情况下，在每次竞技运动训练时，必须确保至少进行20～30分钟的高强度训练，并且需要有一个科学有效的训练方法和手段。例如，肌肉耐力和力量的训练时间与训练中的重复次数呈正相关系，即随着训练次数的增加，训练时间也随之增加。每次训练都能获得足够的负荷是可能的，但若不具备充分的抗阻能力则会导致严重的后果。一般的训练者在充足的阻力情况下，通过让肌肉全情投入地反复练习8～12次，不仅可以提高肌肉的耐力，也能够对力量进行一定程度的锻炼。随着训练者的进步，每一种抗阻力的训练都应该重复练习2～3组，以确保训练效果最大化。如果只锻炼一次，没有足够的运动量锻炼，就不能达到理想的效果，至少4～6周的持续运动，才可以使肌肉、心肺功能等多个方面得到有效的改善。如果每次运动都坚持很长时间，就无法保持较高的体能状态，所以必须不断地调整和补充能量物质，才能维持体力并提高体能。通常情况下，身体在运动后的24～48小时内的生理状态会出现下降，在经过一段时间的休息和恢复之后，才会开始适应运动后产生的生理变化，从而变得比运动前更好。如果没有足够长时间的休息与恢复，就不能让身体尽快地达到最好状态，因此在训练时，必须精准把握训练的强度与恢复所需的时间，以确保训练效果最大化。

### （二）训练形式

竞技运动训练的训练形式即练习形式。为提高运动员的有氧耐力，通常采用慢速跑步、越野跑、骑自行车、游泳、划船等周期性运动。要开展柔韧素质训练，可选择器械上练习（肋木、平衡木、跳马、把杆、吊环、单杠等），也可以利用外部阻力（同伴的助力、负重）进行练习，或者利用自身所给的助力或自身体重进行练习（如在吊环或单杠上做悬垂等）。在竞技运动训练实践中，选择练习形式时，应遵循科学训练的专门性原则。例如，为了增强训练者的心肺功能，应让其做提高心肺功能的练习。在需要集中精力完成专门训练任务，对主要技术动作和战术配合环节的训练进行加强时，适合采用分解训练的形式进行训练，这样可使训练取得更高的成效。

### （三）训练强度

在竞技运动的训练过程中，恰当的规划训练强度是一项至关重要的任务，因为只有在合理的训练过程中才能使运动员获得最佳成绩。心跳、氧气消耗等多种角度可用于评估训练的强度，坦白说，这些是反映身体在运动过程中所消耗的能量的指标。这些指标都能反映出运动员在特定时期所承受的生理负荷程度。通常情况下，力量素质的训练强度应以避免在训练后隔夜产生疲劳和不适感为主要考虑因素。如果运动员在训练过程中出现过度紧张或过度兴奋等现象，就会导致训练效率低下，甚至无法进行正常的训练活动。随着竞技运动训练形式的演变，训练强度也会随之发生变化，这是一种普遍存在的现象。例如，旨在改善心肺功能的训练过程中，训练者一定要尽最大努力将训练心率提高至心率储备的 60%～90% 的层次。

竞技运动的训练内容因个体差异有所不同，导致运动训练强度的具体方向也存在差异。从一般意义上讲，强度是指对身体某一部位或系统，长时间反复锻炼所达到的程度。在肌肉力量和耐力训练的过程当中，强度所指的是在某一特定的训练中，通过克服大量的阻力所获得的百分比。在确定力量训练强度时，以最大重复量（简称 RM）为依据是一种比较简单、便捷的方法和手段，即 10 次 RM 可以准确地举起最大重量达到 10 次。如果运动员能够掌握这种规律就可以使自己的训练效果达到最佳状态。对于一般的训练者而言，8～12RM 是最为适宜的训练强度，因为它可以显著提高肌肉的力量和耐力。

在传统的训练方式中，大多数采用的训练原则是低训练强度和高训练量。这种训练方法虽然能够提高运动员的专项技术水平，但是对身体机能会造成一定程度上的损伤，影响运动员的正常训练及比赛水平的提升。尤其是在近年的训练实践和比赛结果中，长期按照此训练方式，导致运动员非常容易出现神经和肌肉疲劳的情况，从而降低训练的效果。在高水平的比赛中，如果不适当地增加训练量，将会严重影响到运动员正常的竞技状态。在大量低强度训练的过程当中，运动员的神经系统易受疲劳影响，从而限制了他们个人潜能的充分发挥。此外，长时间处于高强度的训练环境下，还可能会引起肌肉拉伤等损伤事故发生，严重影响运动员正常工作和比赛能力。也正是因为如此，要想在竞技运动训练中获得优异的成绩，必须采用高强度负荷的训练方式，而不是依赖于大量的训练量和低强度的训练方式。

（四）训练负荷

训练者对有机体施加的训练刺激，以身体训练为基本手段，简单来说就是他们在承受外部刺激的同时，在心理与生理方面反映的应答反应程度。训练负荷决定了训练效率和效果。通常情况下，通过对训练负荷多种因素的合理控制，可以建立不同特征的训练方法，从而有针对性地提高训练者的身体素质水平。因为训练负荷具有阶段性特点，所以也需要根据运动员自身实际状况进行合理调整与调控。在竞技运动的训练过程中，训练负荷被认为是最为活跃的因素之一，对训练效果的影响不可小觑，它与运动员个体能力发展有着密切的关系，同时也直接影响着整个竞技体育活动的成绩和竞赛水平。在竞技运动训练的全过程中，每一次的训练都需要精心安排适宜的负荷，以科学的方式控制负荷的动态变化，从而实现全年和多年的训练目标，合理有效的训练负荷既可促进运动员生理机能和心理机能的恢复与发展，又能保证训练质量达到最优效果。评定训练负荷的大小指标有训练的次（组）数、距离、时间、重量、速度、难度、心率、血压、血乳酸、血红蛋白、尿蛋白等。

## 第三节　竞技运动训练对机体的影响

### 一、竞技运动训练对运动系统的影响

骨以不同形式的骨连接在一起，构成骨骼，形成了人体体型的基础，并为肌肉提供了附着点。骨骼肌是运动系统的动力源，在神经系统的支配下，肌肉收缩，牵拉其所附着的骨，以关节为枢纽，产生肢体运动。

（一）对骨的影响

骨是以骨组织为主体，在结缔组织或软骨基础上经过一定的发育（骨化）而形成的。

1. 骨的形状及构造

人体的骨由于存在的部位和功能不同，形态也各异。按其形态特点可概括为下列四种：长骨、短骨、扁骨和不规则骨（图 1–3–1）。

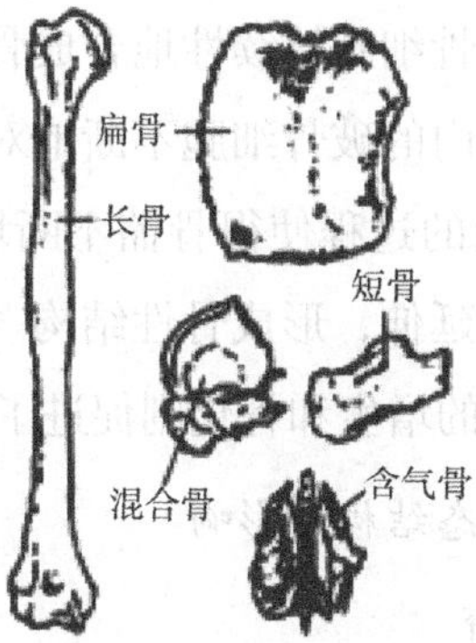


图 1–3–1　长骨、短骨、扁骨和不规则骨

活体的骨由骨膜、骨质、骨髓和血管、神经等构成，以骨质为基础，表面包以骨膜，内部充以骨髓。分布于骨的血管、神经，先进入骨膜，然后穿入骨质再进入骨髓（图 1–3–2）。

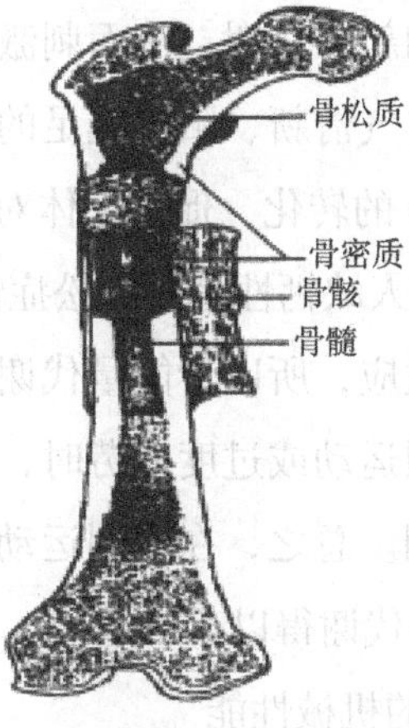


图 1–3–2　骨松质、骨密质、骨骸、骨髓

2. 骨的发生和生长

根据骨骼的生成过程，可将其区分为两种类型：一是膜内成骨，二是软骨内成骨。骨化是一种同时发生破骨和成骨现象的过程，其中破骨细胞不断破坏软骨

组织和骨质，成骨细胞则持续产生新生骨组织。骨与其他器官相比具有特殊结构，它有一定长度并能承受负荷不被吸收，但在长期的进化中又逐渐失去了正常功能。因此，骨骼的成长是由破坏和构建两个相互对立的方面所导致的。

骨骼的生长过程涉及骨骼的增粗和扩张，这两个过程是同步的。在骨骼的发育过程中，骨外膜内层的成骨细胞持续性地合成骨骼组织，从而导致骨骼的横向直径逐渐扩大增粗；骨内膜内的破骨细胞不断地对骨质进行破坏和吸收，导致骨髓腔的持续扩张，这一复杂的过程使得骨骼不断增粗。另外，随着年龄的增加，骨骼逐渐变硬、钙化并向外延伸，形成骨性结构。骺软骨在长骨两端的骨骺和骨体交界处形成，骺软骨细胞的增生和骨化则促进了骨长度的持续增长。

3. 竞技运动训练对骨形态结构的影响

（1）促进骨的生长发育

青少年骨骼中的有机物质含量较高，具有较高的可塑性，同时长骨的两端仍保留着可促进骨骼生长的骺软骨。骨骼在体育活动中所承受的各种运动负荷刺激，可以刺激骺软骨细胞的增殖，从而促进骨骼的生长。此外，骨组织内存在大量成纤维细胞和巨噬细胞，这些细胞与成骨细胞共同维持着骨骼正常结构和功能，为保持人体健康起着重要作用。在进行体育活动时，血液在其影响下循环加速，进一步确保了骨骼所需的营养和新陈代谢，从而刺激了骨骼的生长和发育。在户外体育锻炼时，若经常暴露于空气清新、阳光充足的环境中，紫外线的照射能够促进皮肤内的胆固醇向维生素 D 的转化，促进人体对钙的吸收，特别是对于少年儿童的骨骼生长发育，以及老年人缺钙性骨质疏松症情况的改善，具有显著的益处。

因为运动所带来的刺激效应，所以骨能量代谢的合成必须在运动后的休息期内得以完成。当机体受到剧烈运动或过度疲劳时，骨骼肌中蛋白质和氨基酸等营养物质将发生分解与重新排列。总之，在剧烈运动之后，必须给予运动员充足的休息时间，以确保骨骼的新陈代谢得以正常进行。

（2）使骨增粗和提高骨的机械性能

频繁参与体育锻炼，可有效提升骨骼表面的隆起程度，增加骨密度和厚度，使管状骨变得更加粗壮，同时更符合力学规律的骨小梁配布也得以优化。骨骼的优良变化，紧密关联于肌肉的牵拉效应和作用，这一系列骨骼形态的变化，显著提升了骨骼的抗弯、抗压等机械性能。

### （二）对关节的影响

关节的基本构造可分为主要结构和辅助结构两部分。关节的主要结构包括关节面、关节囊和关节腔，即构成关节的三要素（图 1-3-3）。

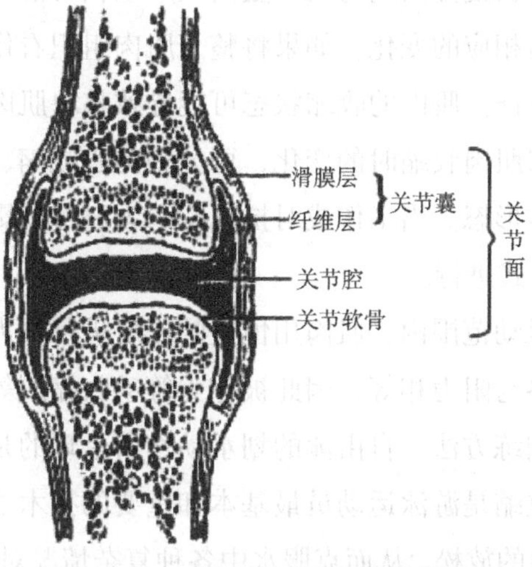


图 1-3-3　关节面、关节囊和关节腔

竞技运动训练能够提高骨关节面的密度和骨密质的厚度，进而增强其承受更大负荷的能力。由于骨与关节之间形成了一定程度的摩擦，也会产生一些机械性损伤。关节面软骨呈现出海绵状的结构，微小的孔隙在运动时能够吸收大量的滑液，从而承受较大的挤压应力，进而使关节的缓冲能力得到较大幅度的提升，同时又因为含有许多胶原蛋白，所以对维持关节的正常功能具有重要作用。通过竞技运动训练，能有效促进肌腱和韧带的粗化，提高胶原的含量，增加单位体积内细胞数目，增强抗拉伸的能力，这些都有利于运动员保持正常的机能状态，并减少损伤程度。此外，运动还可增强周围肌肉的力量，提高关节的稳定性。

不同的竞技运动训练项目对关节柔韧性的影响存在差异。在训练中，合理地运用训练方法可以改善运动员的柔韧素质和力量耐力水平，达到更好的竞技状态。通过持续采用多种科学有效的拉伸练习方法，能使软组织，如关节囊、韧带等，在受到外力作用下呈现出更高的弹性，让关节的灵活性得到相应的提升。

### （三）对骨骼肌的影响

人体骨骼肌的收缩与伸展，促成人体的每一个活动。小至眨眼睛、皱眉头等动作，大至跑步、举重、游泳、打网球等，都与人体骨骼肌的活动密切关联。

人体的运动动力源自骨骼肌的紧缩。由于不同部位组织结构不同，肌肉收缩时所需能量不一样，所以肌肉在收缩过程中产生了一定的变形能力。肌肉收缩的时候，肌原纤维内的肌凝蛋白丝与肌纤蛋白丝产生相对滑动，滑动的振幅按照肌肉的运作需求，做出相应的变化。如果将整个肌肉组织看作一个整体来研究，则它具有一种整体性特征。肌肉的收缩状态可能导致整块肌肉的长度发生变化，也可能保持不变。按照肌肉收缩时的变化，可分为向心收缩、等长收缩、离心收缩和等动收缩四类基本形态。当工作或对抗地心引力对身体影响时，这几种收缩通常以同步或有序的方式进行。

在整个关节的运动范围内，肌肉用恒定的速度进行最大的力量收缩，由于收缩所产生的力量始终与阻力相等，因此被称为等动收缩或等速收缩。它是一种最基本的游泳技术和训练方法。自由泳的划水动作所呈现的是一种典型的等动收缩的游泳技巧。等动收缩是游泳运动员最基本和重要的技术之一，它可以使身体各部分获得较均匀有力的放松，从而克服水中各种复杂情况对人体造成的不利影响，以达到良好的成绩。等动收缩和等长收缩在本质上呈现出截然不同的特征，等动收缩是通过缩短肌纤维之间的距离来减小肌肉间摩擦所产生的能量损失，当肌肉等动收缩时，所产生的肌张力在整个运动范围内达到了最大值，因此，动收缩练习是一种有效的手段，可以提高肌肉的力量。

众所周知，骨骼肌是驱动人体运动的重要肌肉组织。科学的竞技运动训练对骨骼肌纤维的适应性产生了显著的影响，这种适应性变化主要表现在骨骼肌的形态、结构和功能等方面。经常参加体育运动者，肌肉体积增大、重量增加，这主要是由于竞技运动训练可以刺激肌纤维收缩蛋白的含量增加。

肌肉内酶活性也随着竞技运动训练发生显著性变化，耐力训练使肌纤维的有氧代谢酶活性提高，经过速度训练，无氧代谢酶的催化活性得到了显著提升。在长期运动锻炼过程中，机体对蛋白质合成和能量消耗都有一定影响。通过系统的耐力训练，肌肉中的线粒体数量和体积均得到了明显的增加，同时，肌肉的氧化反应也促进了 ATP（腺嘌呤核苷三磷酸）的生成。此外，那些频繁参与体育锻炼的人，肌肉中毛细血管数量增多，使肌肉血液供给得到改善。适度的体育锻炼通过使骨骼肌的结构发生适应性的变化，从而使骨骼肌的最大收缩力增加，持续收缩时间延长，整体收缩能力得到改善。

## 二、竞技运动训练对心血管系统的影响

### （一）心脏的一般结构

人体内的一条连续管道系统，被称为循环系统，它由心脏和血管两部分构成。循环系统具有将全身各种生理过程有序地协调起来的重要功能，对人体健康起着极其重要的作用。循环系统以血液为载体，将生命活动所需的营养物质与氧运输至各器官组织，进行物质代谢，代谢产物随后通过循环系统输送至泌尿系统和呼吸系统，最终被排出体外，循环过程中产生的各种废物则随血流返回体腔。人体内的内分泌腺所分泌的激素，或者其他体液激素，通过血液运输作用于相应的靶器官，从而调节机体的体液平衡。在一定条件下，循环中的各种气体可被清除出去，使人体保持正常状态。

心脏作为一种由心肌构成、拥有瓣膜结构的空腔器官，是血液循环的动力器官，其收缩和舒张推动着血液在循环系统中不断地循环流动。由于心脏类似于水泵的运动方式，心脏可以被视为一种肌肉器官。心脏位于胸腔内，其形状类似于人体内的大动脉。其分为四个腔室，左右侧分别为左心房、左心室和右心房、右心室。心房与心室之间缺乏直接的肌纤维联系，主要是通过结缔组织和房室环的连接，形成了一个由三尖瓣和二尖瓣组成的房室瓣。每个室腔中都有一冠状动脉分支通过其开口通向心肌，形成了由心内膜下到心外膜上呈环形分布的血管环。在每个心室和动脉之间，存在一个半月瓣，在右心室和肺动脉之间，则存在着一个肺动脉瓣，在右心室和主动脉之间，则存在着一个主动脉瓣。这些瓣片上各有一条血管通道，称为心腔通路。瓣膜的作用在于防止心脏内的血液逆流，确保血液沿着同一方向流动，从而维持心脏的正常功能。正常情况下，人体各器官都处于生理状态，没有任何异常改变，但当各种疾病引起心功能不全或出现心律失常时，就会造成血流动力学障碍，导致心衰或发生心源性休克等严重并发症。在心脏舒张时，静脉将血液注入心房，收缩的时候血液则从心室射入静脉，从而完成心脏的收缩。

### （二）心脏的泵血功能

心脏的一次泵血过程，即心房或心室每经过一次收缩和舒张，我们将其称为一个完整的心动周期。在一个心脏跳动的周期中，心腔、房室瓣和半月瓣都按照

特定的顺序完成了动作。心肌纤维运动是以每秒钟为单位进行的。心率是指心脏每分钟的搏动次数，正常心率则在每分钟 60～100 次之间波动。心跳频率与心输出量成正比关系。个体的心率表现出明显的差异，随着年龄、性别和生理状况的变化，心率也呈现出多样化的趋势。例如，经过训练的耐力运动员在安静状态下表现出较慢的心率。当心脏泵血功能受到影响时，由于舒张期的显著缩短，导致心室充盈不足，从而引起心率过度增加。

心脏在人体循环系统中扮演着至关重要的角色，它通过泵送血液来满足机体新陈代谢的需要，从而维持身体的正常运转。人体任何组织器官都要依靠它来完成其机能活动，这种运转又必须通过血液循环才能实现。毋庸置疑，衡量心脏功能的基本指标之一是心脏所输出的血液质量。体内氧运输能力的主要决定因素在于左心室每分钟射入主动脉的血液输出量的大小。人的活动都离不开血容量的供应，人体对血流量有一个最佳需要量——最多心率和最高心排气量。运动需要消耗大量的氧气，进行最大强度的运动可以将心脏的输出量提升至个人最大值，也就是最大心输出量。如果运动员在短时间内进行大负荷训练或比赛时，最大心排血量就会下降，此时，机体所能提供给身体的氧气也将减少。衡量心脏机能的一个重要标志是心脏每分钟所能释放的最大血液容量。心率和每搏输出量的变化对心输出量起着重要的决定性作用，每搏输出量则取决于心肌收缩力和静脉回流量的变化，这两个因素共同作用于心脏的生理功能。因此，随着运动量的增大，心脏功能会发生一系列改变，从而使心搏输出量随之发生变化，尽管随着运动强度的增加，每一次心跳的输出量也随之增加，但一旦达到一定的强度，这种增长便不再显著，唯有通过提高心率来弥补心脏输出量的增加。

### （三）运动中心血管活动的调节

心血管反射是一种调节神经活动的机制，它能够影响心血管系统的功能。当身体处于运动状态时，会触发多种心血管反射，导致心脏输出量和各器官的血管收缩状态发生相应的变化，同时动脉血压也会发生变化，从而使循环系统适应于机体运动状态的变化。

动脉血压升高时，颈动脉窦与主动脉弓的压力感受性反射会导致迷走神经紧张加剧，从而减弱心交感紧张和交感缩血管紧张，进而影响心率减慢、心输出量减少和外周血管阻力降低，最终导致动脉血压的下降，这种降压反应是由交感神经兴奋引起的。相反，血压下降时，压力感受器的传入冲动减少，导致迷走神经紧张减弱，交感神经紧张增强，从而心率加快，心输出量增加，外周血管阻力增加，最终导致血压回升。

### （四）运动性心脏肥大

长期从事高强度运动或从事高强度体力劳动的个体，可能会出现心肌生理性肥厚，同时伴随着心率减缓，这种现象被称为“运动性心脏肥大”，或者“运动员心脏”，产生的主要原因是受身体运动的影响，心脏的适应性得到了增强。目前，认为其发生机理与心肌细胞内钾离子浓度增加有关。这类心脏增大，其形态特征主要表现为左心室容积增大、室壁厚度增加。在运动的过程中，其机能表现为可以持续高效地工作并保持较长的时间。当运动员在从事各种专项运动时，其心肌收缩力和舒张力均有不同程度地增强或减弱。常见的耐力项目参与者包括但不限于马拉松、自行车、游泳、划船等，这些运动项目通常是耐力训练的主要项目。运动员由于长期进行高强度有氧或无氧运动，导致心肌肥大和功能亢进，从而使心功能增强。从理论的角度看，随着竞技运动训练时间的延长，心脏增大的概率也随之增加。

在对运动员心脏的研究中，运动性心脏肥大与病理性心脏肥大的区别一直是争议的焦点。尽管两者所引起的心脏变化的代偿机制十分相似，但从本质上看运动性心脏肥大与病理性心脏肥大有着本质的区别。

### （五）运动对防治心血管疾病的作用

近年来，心血管疾病已成为一种全球性的常见病和多发病，给世界各国卫生系统造成极大的压力和负担，如何防治心血管疾病的流行已成为世界各国关注的热点。减少某些心血管疾病危险因素的存在是预防心血管疾病发生的有效措施，而开展恰当的竞技运动训练对防治心血管疾病具有重要意义。近年来的研究表明，有氧运动可以通过提高病人的体能及改善症状来预防和治疗部分心血管疾病，同时提高心血管疾病病人的生活质量和存活率。

心脏泵功能是心血管系统中最重要的生理参数，而它在运动过程中则会发生一系列变化。运动在预防和治疗心血管疾病方面的作用机制，主要体现为中心效应和周边效应两个方面。

中心效应的影响体现在以下两个方面：一是通过竞技运动训练，可以促进心肌侧支循环的形成，使心肌的血液分布与灌注得到进一步改善，有效预防或者延缓冠状动脉粥样硬化的发展；二是竞技运动训练可有效降低安静或者运动时候的收缩压和心率，进而降低心肌的氧耗量。竞技运动训练可增强心肌对缺氧条件下组织损伤的抵抗力，提升每搏输出量，增加心肌细胞线粒体数量和氧化酶、ATP酶的活性，同时提高心肌毛细血管密度，增强心肌收缩力和氧的供应。

运动对心血管疾病患者的周边效应可归纳为三个方面：一是通过调整外周骨骼肌与植物神经系统的适应性，以及相应的血流动力学变化，能够使心脏功能得到相应的改善，从而大幅度提升机体的运动能力和水平；二是运动员经过竞技运动训练后，骨骼肌内线粒体数量和体积均呈现增加趋势，同时有氧代谢酶活性得到显著提升，此外，肌血红蛋白含量和肌糖原含量也均有所增加，这有效增强了骨骼肌的有氧代谢能力；三是通过竞技运动训练，可以促进毛细血管密度的增加，同时刺激血管内皮产生内皮舒张因子，最终提高血管功能的储备能力。

## 三、竞技运动训练对呼吸系统的影响

维持机体正常生命活动的基本生理过程——呼吸，它是人体内不可或缺的一环，主要借助于呼吸系统完成。随着人体不断地进行各种身体练习和体育锻炼，人们越来越认识到呼吸器官的重要性。在身体运动的过程中，呼吸系统的功能会经历适应性的变化，这些变化不仅可以增强呼吸系统的功能，也能够使组织对氧气的吸收能力得到相应提升，从而保证运动的顺利完成（图 1–3–4）。

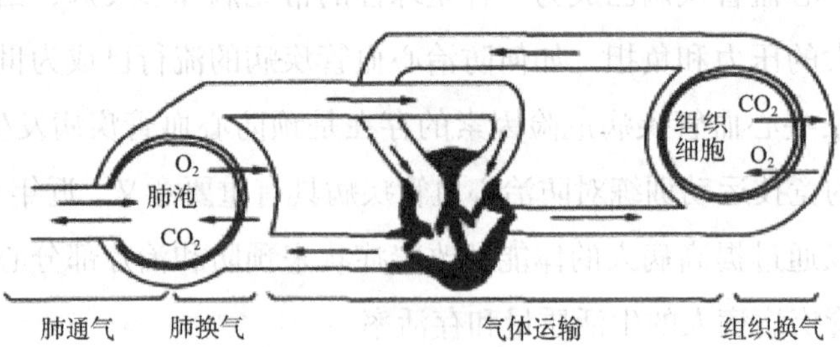


图 1–3–4　呼吸的过程

呼吸系统包括呼吸道与肺。呼吸道功能包括过滤尘埃、过滤异物、提供湿润的温暖空气等，通过调节平滑肌的收缩改变呼吸道的口径，但不具备气体交换的能力。肺是人体进行气体交换的场所，位于胸腔，呈圆锥形。肺是由多级分支的支气管及其最小分支末端膨大的肺泡组成。肺泡是肺的主要结构和功能单位，它是有弹性的薄壁囊状结构，由单层扁平上皮构成，外面密布毛细血管网。肺的呼吸是通过呼吸运动来实现的，即在呼吸肌的作用下，引起胸腔有节律地扩大或缩小。无论是安静状态还是在运动中，吸气是主动过程，依靠膈肌和肋间外肌的收缩使胸廓扩大，从而使肺内压低于大气压，外界气体流入完成吸气过程。为了不影响动作的正常发挥，运动时通常可通过改变呼吸形式来完成某一特定的运动动作。肺通气功能的储备力是极大的，实际上，人在竭尽全力运动时，其通气量也只达到其最大值的67%，可见，肺通气功能远还没有达到其极限。

人体在运动过程中由于大量消耗能量，不但需要补充更多的氧，同时还要排除氧化时所产生的二氧化碳。随着人体活动状态不同，为了尽快排除体内产生的二氧化碳和摄取氧，肺的通气机能将发生相应的变化。安静时成年人的每分通气量为6～8升，但剧烈运动时，随着呼吸频率的增加，每分通气量可增至80～150升或更多。通气量的增大要通过呼吸运动的调节来完成。呼吸中枢进行呼吸调节要接收来自不同感受器的反馈冲动，包括肺的牵张反射、呼吸肌的本体感受性反射，以及化学感受性反射等。在运动过程中，伴随着运动强度的持续性增加，运动所需的氧气含量也随之增加，然而摄氧量是否足以满足所需氧气的需求，则取决于运动项目的独特特征。有氧代谢能力强的运动员，其最大吸氧量和耗氧量都较高，因此，需要较大的供能时间才能使机体保持正常状态。值得一提的是，即便氧的输送系统已经达到最高水平，但在持续时间短且强度大的运动中，摄氧量仍无法满足需氧量，从而导致氧气供应不足；相反，在长时期内进行高强度训练和激烈对抗时，则可使机体对氧的利用能力得到充分发展，从而保持体内含氧量相对恒定。在低强度运动的起始阶段，由于内脏器官的生理惯性，也会导致氧气供应不足。

### （一）呼吸肌力量和耐力增强

呼吸辅助肌肉包括膈肌、肋间肌和腹壁肌肉，同时肩部、背部和胸部的肌肉也可发挥协助呼吸的作用，因此也被称为辅助呼吸肌。通过频繁的竞技运动训练，能够促进上述肌肉的发育，扩大胸廓，增加呼吸动作的幅度，并显著提高呼吸差。

呼吸肌耐力提升的主要表现，是在长时间工作或者训练的过程当中耐受能力明显增强，同时呼吸肌肉的疲劳程度也有所降低。

### （二）肺活量增大

经常参与运动训练的人，相较于同年龄的不锻炼者而言，肺活量大了将近20%。在剧烈运动的过程当中，随着呼吸深度和呼吸频率的增加，呼吸肌的活动逐渐增强，不仅提高了胸廓的扩张能力，还增强了肺泡的扩张能力，最终促使肺活量的逐步增加。

### （三）呼吸深度加深

通过定期的运动训练，可以增强呼吸肌的力量，增加呼吸的深度，提高肺部通气的效率，同时，也可以提高人体对氧和二氧化碳等物质的利用能力。普通人的呼吸频率通常在 12～18 次 / 分之间，那些经常参与运动的人可将其降至 8～12 次 / 分之间，这样显著的差异，这是因为运动中肌肉收缩速度加快，导致吸气时间延长和呼气时间缩短所引起。在运动的过程中，若呼吸频率增加，将导致气体在呼吸道中往返，某些气体则会滞留在生理无效腔内，从而减少真正进入肺部的气体量。因此，在有氧耐力和无氧耐力等练习时要特别注意控制呼吸频率。适当提高呼吸频率，深且慢的呼吸能够促进肺泡气的更新，浅且快的呼吸则无法达到同样的效果。

频繁参与运动训练，可增强肺部通气能力，更重要的是有助于提高机体对氧气的吸收和利用能力。因此，如何充分利用和发挥人体自身产生的氧含量就成了一个非常重要的问题。在体育活动时，一般人只能利用其最大摄氧量的 60% 左右，但是通过参与体育锻炼，人们可以显著提高使用这种能力的水平。

# 第四节　竞技运动训练理论发展的困惑与途径

## 一、现代竞技运动训练理论发展的困惑

20 世纪 70 年代末，中国引进了来自东欧的竞技运动训练理论，并将其与中国竞技体育训练实践相结合，从而形成和发展了中国竞技运动训练理论。随着中

国竞技体育实践的蓬勃发展，中国竞技运动训练理论不断得到优化、完善与发展，并成为支撑中国竞技体育竞技运动训练实践的一个重要理论。

随着 21 世纪前后的 20 年，竞技体育的多极化和极值化现象，以及竞技体育的发展方式发生了显著变化，这种变化的显著特征是奥林匹克各个运动项目和职业体育两大系统的比赛，逐渐形成了有序发展的相互补充、相辅相成的竞技体系。现代科学技术的进步和体育运动水平的提高，推动着竞技体育朝着更高一级的目标迈进。随着比赛数量的增加，传统的竞技运动训练理论面临着解释与预见训练实践复杂性问题的挑战，主要原因是原有的训练方式尚未得到及时的调整和改变。例如，经典的周期训练理论并未对当代世界高水平运动员的全年“多赛制”训练结构，作出十分合理、科学的解释，这一现象值得深入探究；怎样根据竞赛任务合理配置训练过程的大周期、中周期和小周期，怎样优化负荷结构在小周期、中周期和大周期中的应用，以及怎样合理安排奥运周期的训练等，传统理论因为比赛制度的改变和创新，并未作出明确的阐释与说明。随着我国体育事业改革发展步伐的加快，竞技体育水平不断提高，对竞技运动训练提出了许多亟待解决的重大课题。因此，我们需要重新审视竞技运动训练理论中一些基本理论的内涵与外延，以及它们之间相互联系、相互作用的规律。在此背景下，国内外在竞技运动训练理论的研究领域，专门性地展开了一场探讨竞技运动训练理论的适应性与普适性问题的辩论，其中包括力量训练和技术训练问题、周期性训练对高水平运动员的适应性问题等。尽管讨论未能得出结论，然而这一讨论却引发了人们对竞技运动训练理论研究方法论的深刻反思。

## 二、现代竞技运动训练理论发展的途径

针对以上困惑，下面就现代竞技运动训练理论的发展路径提出以下几个建议：

### （一）提出科学问题

提出科学问题是训练理论突破的着力点，它可以拉动竞技运动训练理论研究。

中国的竞技运动训练理论研究始于对训练实践中科学问题的深刻探究，只有勇于与善于将训练实践的科学问题提出来，才可以进一步推动竞技运动训练理论的创新和发展。从目前我国竞技运动训练的实际情况来看，在训练科学研究方面

仍然面临许多亟待解决的现实课题。针对当前竞技运动训练实践中所面临的主要难题和核心矛盾，我们需要采取相应的措施和策略。如果我们不从根源解决，那么就难以从根本上促进我国竞技运动训练水平的提高。因此，深入探究训练实践中科学问题的根源，是至关重要的。竞技运动训练实践科学研究应以揭示和把握训练现象本质为目标，并从宏观层面上探索其发生发展机制，从而建立起完整的理论体系。竞技运动训练实践科学问题的根源可以追溯以下几点：

第一，训练和竞赛的策划与组织遵循一定的规则和模式。

第二，训练和竞赛的过程结构呈现出一定的规律性。

第三，训练和竞赛所处的环境呈现出一定的规律性。

### （二）自主性创新

竞技体育的发展离不开竞技运动训练理论这一重要智力资源，必须将运动成绩的增长转向依靠科学理论与方法的自主性创新。为了实现跨越式的发展，需要在关键领域进行自主创新的深层次研究和探索。

中国的竞技运动训练理论研究必须以“自主”为基础，对现有的竞技条件和资源进行综合的思考，深度自主地研究具有“中国模式”的训练成功经验，从历史经验中寻找规律是一条行之有效的道路。自主性研究我国长久保持优势竞技项目群的规律性、成功要素的结构与特征等方面；自主性研究竞技体育运动训练过程中一些暂时没有得到解决的问题，如长期保持竞技高峰状态等。

### （三）重视专项训练理论建设

专项训练理论的构建实际上是一般训练理论的关键性基础，竞技运动训练理论研究必须以其特定领域为依托，并通过对具体问题的具体分析构建自身体系。在指导竞技运动训练实践的过程中，竞技运动训练理论呈现出一种整体性的特征，这种特征不仅体现在宏观层面的广泛适用性、广泛性与普遍性上，更体现在微观层面的专项操作性上。由此可知，不同类型的竞技运动训练理论对具体项目有着各自独特的指导作用。竞技运动训练理论在“一般”和“专项”两个维度上相辅相成、互为补充、相互制约，形成了一个完整的综合体。一般竞技运动训练理论指导着具体竞技运动训练实践，专项竞技体育训练理论又影响着特定专项运动员的个体特征。然而，在指导竞技运动训练实践的过程中，“一般”和“专项”竞技运动训练理论呈现出十分明显的层次性，这两种不同层次的训练理论都具有一定的科学性、系统性，为竞技体育科学化提供理论指导和科学保障。一般竞技运动训练理论以宏观层面为基础，揭示了竞技运动训练理论与方法的一般规律与共性，专项竞技运动训练理论则以微观层面为视角，将专项竞技运动训练理论和方法揭示出来，形成了一个由一般到个别的科学性理论体系。因此，要使专项竞技运动训练研究取得实质性进展，必须加强对专项竞技运动训练理论建设问题的重视，并通过构建科学体系来实现这一目标。

**（四）加强研究竞技运动训练理论的复杂性范式**

竞技运动训练作为复杂的系统，对于竞技运动训练的复杂性、竞技运动训练理论的科学解释和预测能力是评估其适用性的依据。运动成绩或竞技状态的整体性是指它由多个因素共同决定的特性。复杂性研究范式关注和强调的是所研究的系统对象，呈现出一种高度的整体性，这种整体性是不可或缺的特征。运动成绩或运动员竞技能力整体性的本质内涵是，在不同条件下表现出的各组成要素的相互联系与作用方式。竞技能力或者运动成绩的整体性，主要体现在构成要素的复杂结构中，这些要素之间存在着非线性的相互作用关系，无法满足构成要素的加和性。运动水平与竞技能力在整体上呈现一种从量变到质变、由简单到复杂的发展过程，这就决定了它们不是孤立地发生作用，而是相互影响、相互制约的有机统一体。运动成绩或竞技能力的整体性呈现出一种“涌现”的特征，这种特征是构成要素特质所无法具备的。运用多学科综合分析与整合方法，对竞技体育领域中出现的一些重要问题进行深入系统的探索，将有利于丰富和发展我国运动员选材理论、训练方法理论和训练管理理论。

由于竞技运动训练实践的高度复杂性，使得竞技运动训练理论研究必须重新采用科学范式，进而为我们深入探究运动成绩和竞技能力提高的复杂机制与行为逻辑提供新的可能性，这为我们理解运动成绩和竞技能力提供了全新视角。竞技体育训练理论的复杂性研究虽然尚处于起步阶段，但理论研究就本质而言是对方法的深入探究，训练理论的突破与超越则需要对方法论的研究实行彻底的变革。

## 第五节　竞技运动训练的发展趋势

### 一、竞技运动训练科学化

竞技运动的科学化训练是指人们在正确认识客观规律的基础上，合理运用行为原则、决策理论等科学原理、方法和先进技术，有序组织和实施竞技运动训练全过程，从而真正实现训练目标的动态进程。它是一种具有高度科学性的教育实践活动，也是一项系统工程。在竞技运动训练的全过程中，教练员与运动员将科学理论与原理作为指导，借助现代科技成果，对科学的训练方法和手段进行灵活运用，以最小的投入获得最佳的训练效果与理想的运动成绩。作为一项系统工程，需要从整体上把握整个训练过程，以及其各个要素之间的相互关系和作用机制。科学化训练的核心要素包括多个方面，迈入科学的诊断方法、理想的训练目标和目标模型等。

### 二、竞技运动训练逐步系统化、最优化

现代竞技运动训练活动是一项以竞技为导向，旨在在竞技活动中获得一定成就的系统性复杂工程。竞技运动训练工作必须坚持系统整体观念。现如今，现代发展理念的日益成熟，使竞技运动训练活动在其影响下开始注重整个训练过程中的系统性规划和策划，从训练实施到成果取得，都需要系统性的合理规划和计划，只有把系统控制思想和理念与竞技运动训练活动有机结合在一起，才可以推动现代竞技运动训练逐步向系统化方向发展。科学有效地开展竞技运动训练不仅能够提升运动成绩，还能保证其稳定性和连续性，使竞技运动训练更加科学化和合理化。为了实现最优化的竞技运动训练，必须采用最适宜的训练方式和方法，以实现最高效和最低耗的完美训练组合，并建立和实施精准的信息反馈机制，遵循运动员的实际情况，制订合理的训练计划，以快速提高运动员的运动竞技能力。

## 三、竞技运动训练更具有针对性与个性化、专项化与实战化、程序化等特征

因为人是竞技运动的训练对象，每个人都是独一无二的存在，有些个体存在的差异甚至相当显著。因此，在竞技运动训练中要特别注意研究不同个体的特征和差异，并根据这些特征和差异确定训练方法和手段的选择。在现代训练中，必须严格根据每位运动员的竞技能力结构特征，制定个性化的训练模式，以确保每位运动员都能得到最优的训练效果，只有这样，才能最大限度地发挥出每位运动员在整个训练周期所表现出来的最佳水平和潜力，进而提高竞技成绩。现代竞技运动训练正朝着以个体为中心的个性化训练方向发展，不管是个体化还是针对性，均已经形成一套必须严格遵循的原则。在当今体育科技高速发展的今天，科学技术的不断进步和社会生产力水平的提高，使人类逐步进入信息时代。随着时代的发展，现代训练越来越注重对运动员的个体竞技状态和运动状态的精准诊断，因此应建立个性化的训练模式，并有针对性地开展个性化训练。

持续进行项目比赛时的基础训练模式，是快速提高与长期保持运动成绩的最佳途径。在进行专项训练时，除了需要强调训练的重复性之外，也应适当地增加训练量，同时，尽可能地避免在训练过程中引入其他不同性质的刺激。对运动员机体起到多方面与一般性作用的负荷要素，通常转化成运动能力所需的时间较长，专门对运动机体起作用的负荷要素转化时间则更短。为了提高专项水平，就必须选择那些能够产生特定效果的负荷要素作为训练手段。专项训练是高水平运动员获取身体素质的唯一途径，所以在身体素质训练的过程中，应限制辅助练习的次数与类型。

比赛本身从某种意义上来说就是理想的训练内容，核心是专项辅助训练与专项训练，这些训练内容以赛代练、以赛促练、赛练结合、从实战出发，是目前竞技运动训练的趋势。比赛时间的延长导致竞赛次数增加。随着比赛数量的增加，整个训练过程的平均负荷强度得到了明显提升，这一趋势在其他条件保持不变的情况下尤为明显。因此，合理分配运动员的身体机能状态成为保证取得好成绩的重要因素之一。在此背景下，很多竞技运动项目通常采用合理降低全年平均训练负荷强度的措施，最大限度地避免负荷过度的情况发生。运动员在日常生活中训

练强度的降低，使全年的训练强度变化呈现出“落差”增大的现象，他们可以通过强度上的“落差”，从片面强调高强度训练所带来的长期疲劳中获得解脱。

## 四、竞技运动训练将被现代高科技理论与技术整体渗透

一是，人们已经不再满足于将运动成绩作为唯一的训练效果衡量标准，而是更加注重训练效率的评价标准，也就是正确计算投入和产出的比值。在竞争激烈的竞技体育领域里，要想取得优异成绩必须依靠科学系统的训练和合理高效的竞赛安排才能实现。为了实现最大的效益，需要在技术层面上加大投入的力度，同时在微观层面上加强对训练过程的监控，从宏观层面上以合理的方式有效提升运动员的成才率，从而将培养的过程缩短，延长运动员的运动寿命，具体而言是以最小的投入获得最大的回报。

二是，运动员的培养过程，实际上是一个长期性、系统性以及复杂性的具体过程，需要经过多个环节的协同配合。在培养的过程中，人才选拔、基础训练、训练场地等方面，离不开高科技理论和技术的支持。

## 五、竞技运动训练方法与理论在不同学科、项目间和性别间相互借鉴、移植

无论是多学科的基础方法，还是多学科的基础理论，随着现代竞技运动的重视，开始渗透到现代竞技运动训练科学的各个领域之中，使得竞技运动训练科学成为一门跨学科的综合性科学。在竞技体育实践活动中运用多种学科原理和研究方法显得尤为重要。在竞技项目的演进过程中，与外部世界的信息交流是必不可少的，这样除了能够从其他项目中参考、借鉴和汲取有益的训练方法和理论外，还能够将自己的科学训练理论和方法传递、传授给其他合适的运动项目，所以，研究运动员的训练过程就成了体育科研领域中一项极为重要的工作。

在竞技体育的发展历程中，男性在许多运动项目中展现出了比女性更高的竞技水平，并且这些项目的历史也比女性更为悠久。随着社会经济和科学技术的发展，人们对身体机能要求不断提高，男子运动员由于自身条件限制难以满足这一需求，因而产生了男女兼项的现象，即所谓“双轨制”训练模式。也正是因为如此，

男性的训练经验为女性项目的训练提供了参考和借鉴的可能性，并且随着竞技体育的发展这一趋势日益受到关注和重视。

## 六、竞技运动训练将会更强调力量素质训练

耐力和速度素质的增长、提高受力量素质的影响，同时力量素质也决定了柔韧素质的符合程度。在选拔人才和培养运动素质的过程中，力量素质在其中扮演着至关重要的角色，不仅是运动素质的基础，还是选才的关键依据。在一切体育运动中，力量素质始终占据着极其重要的地位。在几乎所有的竞技运动项目中，无论是以力量为依托的体能类项目，还是以技术为主的非体能类项目，教练员在安排训练计划的时候都高度重视力量训练这一环节。随着世界体育强国对现代体能训练理论认识的提高，以及新规则对身体素质提出了更加苛刻的标准，使得力量训练成为当今各国体育界普遍关注并努力探索研究的课题。当代力量训练的核心在于专项力量的合理训练，并且这种训练需要科学运用负重的专项技术，更需要对“力量房”训练进行合理的调整与改进，使运动员依据专项的运动方式、速度等特点，开展专项的力量训练。当代力量训练的发展趋势之一是对力量进行更加细致的分类，这一趋势推动了力量训练在任务、要求等多个方面得到不断优化、完善和细化。

# 第二章　竞技运动训练的科学基础

本章主要介绍竞技运动训练的科学基础，主要从四个方面进行了阐述，分别是生理基础与竞技运动训练、教育基础与竞技运动训练、项群理论基础与竞技运动训练、管理基础与竞技运动训练。

## 第一节　生理基础与竞技运动训练

### 一、能量代谢与竞技运动训练

#### （一）三种能量代谢系统

三磷酸腺苷通常被称为 ATP，在人体肌肉进行活动时能直接将其当作化学能量物质使用，它是人体内最重要的、具有高能量的化合物之一。

它储存在大部分细胞内，尤其肌肉细胞中的含量最多。除 ATP 外其他形式的化学能，都必须转变为 ATP 的能量结构方能供肌肉收缩之用。

1.ATP–CP 代谢系统

ATP–CP 代谢系统，又称为磷酸盐系统。其中 CP 与 ATP 非常接近，也是高能量磷酸化合物之一，并储藏在肌肉细胞内。其分解时也释放出大量的能量，并供给 ATP 再合成所用，即 CP 释放的能量使 ADP 和无机磷酸再合成为 ATP，每 1 克分子量 CP 的分解，能再合成 1 克分子量的 ATP。ATP 和 CP 合称为磷酸盐，肌肉中所存储的磷酸盐总量不多，男子约有 0.6 克分子量，女子约有 0.3 克分子量。显然，利用此系统所提供的能量是极为有限的。据研究，人体如以最快的速度持续运动几秒时，肌肉中的磷酸盐（ATP、CP）即已耗尽。但是磷酸盐系统（ATP—CP）的用途，对于从事短程疾跑、跳跃、投掷、踢摔等各种只需数秒钟即可完成的技能的作用是极大的。它不仅是这些活动方式的主要能源，并直接影响着运动成绩的水平。

2. 乳酸代谢系统

乳酸代谢系统，又称无氧代谢系统。在缺氧状态下，系统中糖分解所产生的能量，可使 ATP 得以生成。当肌糖原一部分被分解时，其代谢产物为乳酸，故又称之为乳酸代谢系统。当乳酸在肌肉和血液中积累到一定程度时，会使肌肉产生暂时性的疲劳。肌糖原在无氧状态下释能供 ATP 再合成数量远不如有氧状态下的 ATP 合成数量。例如：180 克肌糖原的无氧分解仅能生成 2 克分子量的 ATP，而在有氧状态下的分解，其产生的能量足以再合成 39 克分子量的 ATP。如同 ATP-CP 代谢系统，在竞技运动和训练中，乳酸代谢系统的作用是极为重要的，特别在持续最大速率从事 1～3 分钟的运动，如 400 米跑和 800 米跑，大部分要依赖乳酸代谢系统提供能量。而在较长时间持续运动的最后阶段，乳酸代谢系统的供能作用也是突出的。

3. 有氧代谢系统

在有氧代谢下，同等量的肌糖原全部分解为二氧化碳和水的同时，所释放的能量可产生 13 倍于无氧状态下合成的 ATP。有氧代谢的场所和无氧代谢一样，均在肌肉细胞内，但有氧代谢的具体场所仅限于细胞的线粒体内。因线粒体是有氧状态下 ATP 生成的场所，故有人称之为细胞的“发电厂”。显然，肌细胞内线粒体数量的多少，将直接关系到有氧代谢的水平。此不仅对训练有着积极的意义，并为选材提供了生理学依据。

有氧代谢系统的另一特性与代谢物质的种类有关。例如，脂肪和蛋白质与肌糖原一样，在有氧状态下，亦可分解释能供 ATP 合成。256 克脂肪分解，能产生 130 克分子量的 ATP，一般认为长时运动时（有氧状态下），肌糖原和脂肪是生成 ATP 能量的主要能源，而蛋白质很少动用。[①] 值得提及的是有氧代谢系统，不仅可使肌糖原、脂肪产生大量能量供 ATP 合成，并且其代谢产物不会成为导致疲劳

① 胡亦海．竞技运动训练理论与方法 [M]. 武汉：湖北人民出版社，2005.

的物质。因此，有氧代谢系统是长时耐力运动的基础，运动员有氧代谢水平的高低，将直接影响其耐力运动的成绩。

### （二）主要项目代谢特点

作业时间指的是运动或者训练在实际上花费的时间，是运动或者训练的作业时间，是对不同运动项目的能量代谢特点进行分析和讨论的基础条件。例如，一场篮球比赛或者训练运动分为上下两个半场，时间各为 20 分钟，总共花费 40 分钟。因此，在篮球运动中必然会涉及有氧代谢。但是篮球运动中有许多的急停、跳跃和急跑动作，以及在此基础上施展的技能，这些动作和技能是在人体无氧代谢支持下完成的。由此可见，对篮球运动的代谢特点进行分析时要综合考虑有氧和无氧代谢形式。这类代谢形式，在排球、足球、手球、棒球、网球等运动中也存在着。至于田径、游泳、划船、自行车、速度滑冰等运动，因其作业时间具有相对的相似性，因此其能量代谢特点较易看出。例如，田径 1500 米与游泳 400 米自由式的作业时间大体在 4～5 分钟间，而 800 米与游泳 200 米和速滑 150 米的作业时间大体相似，故可由此判断，作业时间相同的不同周期性运动项目的能量代谢特点。

三种能量代谢系统提供 ATP 的百分比，也与训练时间（竞技时间）有关。作业时间愈短，往往能量需求的则愈快（图 2-1-1）。

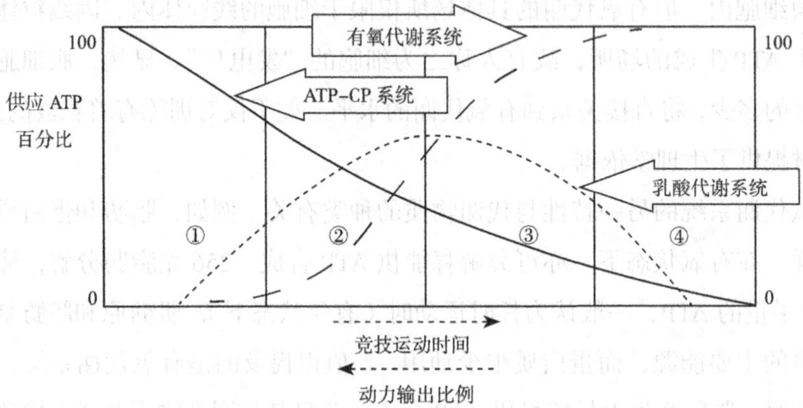


**图 2-1-1 不同竞技运动时间项目的能量代谢系统供应 ATP 的百分比**

乳酸代谢系统提供的能量与作业时间的关系，就是在作业时间极短、强度极高，或作业时间较长、强度较低的情况下，乳酸代谢系统不提供能量。因此，这一代谢系统与 ATP–CP 和氧代谢系统间有很大的差别。

导致这一差别的原因：一是，在高强度的运动中，乳酸的产生应需一点时间才能实现，因此，在开始阶段无法从乳酸代谢系统中提供能量；二是，在从事一定强度活动时间内，如果乳酸代谢系统参与工作，会因乳酸的大量堆积致使肌肉疲劳，从而降低了运动强度，导致了有氧代谢供能的比例增大。因此，在实际训练和运动中，纯粹以乳酸代谢供能的形式并不多见，而是多与其他两个代谢系统中任一系统相互为用。为了说明方便起见，可将曲线分为四个分区，来表示各竞技运动依赖能量系统供应 ATP 的百分比（表 2–1–1）。

**表 2–1–1　能量供应系统的四个分区比较**

| 区别 | 作业时间 | 主要能力供应系统 | 竞技项目举例 |
|---|---|---|---|
| （1） | ＜20 秒 | ATP—CP | 投掷、调高、百米跑、挥拍 |
| （2） | 20～90 秒 | ATP—CP、乳酸系统 | 200～400 米跑、100 米游泳 |
| （3） | 90～180 秒 | 乳酸系统、有氧系统 | 拳击、散打、800 米跑 |
| （4） | ＞180 秒 | 有氧代谢系统 | 马拉松、1500 米 ...... |

如果乳酸代谢系统参与工作，会因乳酸的大量堆积致使肌肉疲劳，从而降低了运动强度，导致了有氧代谢供能的比例增大，因此，在实际训练和运动中，纯粹以乳酸代谢供能的形式并不多见，而是多与其他两个代谢系统中任一系统相互为用。

可以看出，三种能量代谢系统存在交叉作用关系。例如，ATP–CP 代谢系统与有氧代谢系统间彼此极不相同，当一系统提供 ATP 的百分比增加时，另一系统则即刻减少。

## 二、肌肉系统与竞技运动训练

### （一）骨骼肌的收缩机制

骨骼肌具有收缩的能力。其收缩时，所表现的收缩力能从很小到很大。在特定的时间内，其收缩力的大小受两种条件的控制：引起收缩的运动单位有多少，神经冲动的强度有多大。

人体的运动单位是由骨骼肌的纤维组成的。单个运动单位的组成包含了一个运动神经及其支配下的所有肌纤维。人体中分属不同肌群的运动单位，其肌纤维的数量有很大差异。运动神经从中枢神经系统中延伸而出，进入骨骼肌并延伸至其支配的肌纤维中，末端分散出许多分枝，连接了所有其支配的肌纤维。神经元传达的神经冲动经由神经纤维主干传导至每一个神经分枝，最后传递给此运动单位的所有肌纤维，使得此运动单元的肌纤维收缩。每个运动单位的肌纤维并不是聚集在一起的，而是分散在肌肉的各个部位。运动单位的收缩能因其肌肉群产生轻微收缩，数量越多的运动单位收缩就能产生越强的肌肉张力。骨骼肌产生作用的基本单位就是运动单位，运动单位接收到神经纤维的刺激时，能使单位中所有的肌纤维共同收缩，单一运动单位中的肌纤维数量越多，能产生的肌肉收缩力就越强，反之就越弱。由此可见，肌肉的收缩力是由参加运动的运动单位的多少和每个运动单位的肌纤维数量决定的。从功能角度分析，人体骨骼肌的运动单位可以分为快收缩单位和慢收缩单位两种，分别由快肌纤维和慢肌纤维组成。

当中枢神经系统对一神经元提供一刺激时，要视该神经刺激度是否超过该神经纤维的刺激阈值。如果强度超过刺激阈值，当神经冲动传至神经肌肉接头处的运动终板时，则释放出一种叫作乙酰胆碱的化学物质，从而造成细胞膜的去极化和钙离子的快速流入，进而引起整条肌纤维的兴奋而收缩。肌肉收缩实际上是由肌球蛋白丝和肌动蛋白丝交互作用的结果。此作用使肌动蛋白丝向肌球蛋白丝接近，而造成肌纤维缩短。至于这种交互作用是如何形成，这里不讨论。简言之，是由肌动蛋白丝与肌球蛋白丝之间的横桥产生滑动、钩接引起肌纤维缩短，而横桥活动的能量来源于 ATP。

一般地说，当肌肉缩短速度增加，肌肉产生的张力即降低，其原因是当肌动蛋白丝滑过时，横桥只有一段时间可用以钩接。如果收缩的速度增加时，参加横桥数目将会减少，因而使张力降低。

### （二）肌肉收缩基本类型

骨骼肌肌肉收缩种类有四种基本类型，每一类型都具有不同性质的作用。其作用大小可视运动项目的性质而变化。一般认为，这四种类型可分为：离心收缩；等动收缩，等长收缩，等张收缩。它们的特点各不相同，具体表现在以下几个方面：

第一，离心收缩是一种特殊的肌肉收缩方式，肌肉以该种方式收缩时，肌肉产生张力，并被拉长。如引体向上时的下降动作就是如此。

第二，等动收缩是一种在恒定的速度下，在全活动关节范围内，肌肉进行最大程度收缩的收缩方式。它是一种向心收缩方式。

第三，等长收缩的特点是：肌肉产生张力时，肌肉长度不变。当人将手臂伸直提起重物并静止不动时，肌肉就在等长收缩状态，这是一种静态收缩。

第四，等张收缩是一种在产生肌肉张力时，肌肉纤维缩短的收缩方式。运动员在进行运动时，骨骼肌的收缩方式中大多都是等张收缩。大部分情况下，人在举起重物时肌肉也在进行等张收缩。等张收缩是一种与离心收缩相反的肌肉收缩方式，它被称为向心收缩方式。等张收缩虽然与等动收缩同为向心收缩，但两者之间有很大区别。区别的重要标志是：等动收缩时，肌肉在全活动关节范围内均可产生最大张力，而等张收缩并非如此；另外，等动收缩时肌肉收缩的速度不变，而等张收缩时，肌肉收缩速度发生变化。等张收缩过程中，在关节活动的各个角度，其产生的张力并不相同。在任一关节的活动范围内，肌肉收缩导致物体产生位移所需的张力，是随关节角度的变化而发生变化。其中最弱一点的关节角度，肌肉需要做最大收缩。因此，在进行等张力量训练时，关节活动的各个角度的肌肉并不都能受到充分训练。这就是等张收缩力量训练的缺点之一。

### （三）快、慢缩运动单位

运动单位可分为快缩单位（快肌收缩运动单位）和慢缩单位（慢肌收缩运动单位）。这两种运动单位实际上具有完全不同的功能特性，并对竞技运动有其各自的重要意义。

#### 1. 快、慢缩单位的能量代谢

在无氧代谢能力方面，肌肉的快收缩单位要比慢收缩单位强很多。以代谢所需的酶进行分析，虽然两种不同的收缩单位中都含有作用于 ATP–CP 代谢系统中产生的酶，但是快收缩单位中酶的作用力要明显高于慢收缩单位中酶的作用力，前者约为后者的 3 倍；而针对糖酵解酶也是如此，快收缩单位中这种酶的作用力约为慢收缩单位的两倍。由此可以得出结论，快收缩单位因无氧供能能力强更适合为快速冲刺、跳跃等运动中供能，而慢收缩单位则因有氧代谢能力远超快收缩单位，更适合在耐力性运动中供能。

2. 快、慢缩单位的收缩速度

根据相关研究可知，快肌纤维达到最大张力状态所需要的时间要比慢肌纤维短，约为慢肌纤维的 1/3。原因在于，首先快收缩单位的无氧代谢能力较强，而慢收缩单位更侧重于有氧代谢；其次快收缩单位中起到支配作用的神经元的神经纤维直径较粗，因此有较高的神经冲动传导速度。

由此可得出结论，人体肌肉中的快肌纤维越多，肌肉的收缩速度就越快，表现在运动方面就是运动速度更快。

3. 快、慢缩单位的收缩力量

在收缩力量方面，快收缩单位也比慢收缩单位大。原因在于两点：首先，快收缩单位的肌纤维比慢收缩单位要粗；其次，快收缩单位的肌纤维数量也比慢收缩单位要多。因此可得出结论，人体肌肉中快收缩单位越多，肌肉收缩力量也就越大，表现在运动上就是人的运动能力越强。

### （四）快、慢肌疲劳特点

在疲劳方面，快肌纤维更容易产生疲劳感。原因在于快肌纤维的有氧代谢能力差，但是在收缩过程中对糖代谢的要求更高，因此当人在运动中，使用某一动作以最快速度运动一定时间后，能量来源主要为无氧状态下的糖分解，从而产生大量乳酸积聚在肌肉中，让快肌纤维难以维持高速度工作，而产生疲劳感。慢肌纤维的疲劳多产生在长时间耐力训练之后，产生的原因也不是因为乳酸堆积，而是以下五点：人体血糖含量大幅度降低；肝糖耗尽；人体水分大量流失；体内电解质流失过多；人体温度升高。

竞技运动训练过程中和结束后，人体都有肌肉酸痛的体验。造成肌肉酸痛的原因，目前还没查清。但一般认为有以下几个方面：第一，肌纤维组织受到拉伤；第二，局部肌肉的痉挛使血液供应减少；第三，肌肉过分伸张，使结缔组织受到损伤等造成肌肉酸痛感觉。因此，在训练中，必须充分做好准备活动，不可突然做弹拉动作。

## 三、神经系统与竞技运动训练

### （一）人体运动神经控制

人体运动除了由运动神经元冲动的传导而产生外，还受全身感觉器官传来冲动的影响，更受高级神经中枢的控制，其中，肌肉感受器的诱导作用十分明显。

肌梭和高基氏腱器是人体最为重要的肌肉感受器。肌肉感受器是中枢神经系统实现对肌肉的控制的重要组织，没有它的存在，肌肉就无法接受神经纤维传导来的神经冲动。

在脑的大脑皮质上有两个含有特殊化神经元区域，此等区域受刺激时能引起各种运动活动，而每一区域都可以引起特定的活动模式。第一区域为主要运动区，第二区域为运动前区。

在第一区域中（主要运动区），人体各部分动作模式都以不同的方式存在于这一区域中各自小区内，并有机连接，使人体活动达到微细化的协调程度。在第二区域中（主要运动前区），另一类运动神经元位于此区，由于该区运动神经元与小脑连接，而小脑又负责人体肌群活动的协调性，因此，其对形成活动技能也是十分重要的。

### （二）技能建立神经通路

运动技能的形成原理是神经传导、连接机制，由于其原理复杂，非本节能够详细说明，现举例说明运动技能形成的神经通路。

例如：初学网球的正手击球，该动作过程受大脑皮层运动皮质中负责该活动的各身体部位的运动小区节制，从各小区引起的一系列的反应冲动经由锥体径而到达位于脊髓中的低级运动神经元，然后传达到所做动作的各特殊肌肉之中；而后又从肌肉感受器（肌梭、高基氏腱器）使大脑获得感觉信息，并经过大脑、小脑共同协调动作。一旦学会这一击球动作，此种活动模式就变得较少需要意识的控制。这样一来，缘由大脑主控的动作，化为一种模式储存在运动前区。故有人称运动区为“技能学习区”，运动前区为“运动技能储存区”。运动技能一旦储存于“运动技能储存区”，这种技能才能称为“自动化技能”，简言之，这种技能很少受意识的控制而达到熟练化、自动化。此点，对于形成多种技能，并使之自动化是十分重要的。

## 四、心肺系统与竞技运动训练

氧是 ATP 能量产生的重要条件。氧必须从空气中输送到肌肉中的线粒体里并被应用，氧由空气进入线粒体需涉及两大系统的工作，即呼吸系统和血液循环系统。为简洁起见，我们称之为心肺系统。

### （一）气体交换及其输送

一旦新鲜空气进入肺泡，空气与血液之间的氧与二氧化碳的交换就开始进行。这就是第一阶段的气体交换。交换的位置在肺泡血管膜上。此极薄的组织层将肺泡中的空气与肺泡微血管中的血隔开。第二阶段为血液和骨骼肌组织间的气体交换。在组织—微血管膜上进行。气体从第一阶段到第二阶段的交换受多种因素的影响。从训练的角度看，主要受红细胞数目和血色素含量以及肌肉中的微细血管数目和微电管的密度等因素的制约。

血液以两种方式输送氧及二氧化碳：一是溶解于血液中，二是与血液做化学的结合。在正常状态下，氧溶于血中的含量并不多，因此，氧的输送主要采用第二种方式。大部分的氧与红细胞的血红蛋白做化学的结合被输送。氧正是与血红蛋白的结合，随着血液的流动，由血管动脉经微动脉，再经毛细血管，最后到达气体交换的第二阶段位置，进入细胞的线粒体。

### （二）输送气体的血流分配

在竞技运动训练中，通常采用心率测量方法，来估算运动员的血液循环系统的功能，了解运动强度的大小。值得说明的是，受过严格训练的人与正常人的每搏输出量和心率次数是不一样的。一般来讲，安静状态下，一般人每搏输出量为70～80 毫升，心率为 60～80 次；受过严格训练的人，每搏输出量为 100～110 毫升，心率为 40～55 次。在最大强度下，一般人每搏输出量为 110～120 毫升，受过严格训练的人，则为 150～170 毫升。

运动时，随着心输出量的增加，血液的分配也发生了变化。其中，最大强度运动时，肌肉可获得 85% 的分配，而安静时，仅为 15%。

#### （三）输氧系统的基本功能

在耐力运动或耐力训练中，人体所需的 ATP 取自有氧代谢系统，因此，输氧系统的功能是非常重要的。其中最大耗氧量、最大耗氧量的利用率是两项重要指标。

在各个竞技运动项目中，耐力项目选手的最大耗氧量为最高。由此可见，最大耗氧量水平与耐力素质之间的关系。然而，最大耗氧量的大小有 93% 受先天遗传的影响，而训练对提高最大耗氧量的作用并不明显。但是训练对提高最大耗氧量的利用率的水平价值甚高。故最大耗氧量利用率可作为评定运动强度的指标。

最大耗氧量利用率与乳酸生成关系密切。最大耗氧量利用率达到一定程度时乳酸开始聚集。一般状况下，非运动员在 60%$VO_2max$ 时，乳酸聚集已显著上升，而训练有素的耐力运动员在接近 80%$VO_2max$ 时才开始聚集。在实践中，人们往往利用最大耗氧量利用率与乳酸生成的密切关系，通过测试乳酸浓度来了解人体的输氧能力。一般认为：人体在逐渐增加运动强度的运动中，乳酸开始迅速增加（堆积）的临界点称为“乳酸阈”，当乳酸浓度在 4mmol/L 时，称为“无氧阈”。在训练中，如果在相同的无氧阈值范围内，运动强度愈大，说明氧的输入功能愈强，利用率愈大，有氧代谢水平愈高。

## 第二节　教育基础与竞技运动训练

### 一、教育思想与竞技运动训练

教育思想是指对教育这一社会现象经过思维活动后而对它产生的认识。教育思想具有自觉、理性、宏观、抽象和系统性的特征。教育观念具有自发、感性、微观、具体和概况性的特征。

教育思想和教育观念是会不断变化的，社会的发展、时代的变化会不断赋予其新的内涵，使其带有时代特性和社会特性。竞技运动在教育系统中有十分重要的地位，作为教育系统的一部分，竞技运动训练也必须在正确的教育思想指导下进行。

### （一）全面性的教育思想

全面性的教育思想主要是针对竞技运动是人类一项社会活动的这一性质，以及竞技运动的竞争性、规范性、公平性、集群性、公开性和观赏性等基本特点提出的。因此，从事竞技运动活动的主体，特别是教练员和运动员的全面性的素质教育十分重要。当前，尽管许多优秀运动员和运动队比赛中所表现出来的素质水平值得称赞，但是部分项目或部分运动队比赛中暴露出来的过低的文化基础、过窄的项目教育和过强的功利主义的现象应当说是触目惊心。由此可见，强化教练员和运动员全面性素质教育的意义十分重大。

素质指的是人先天遗传所得的和后天通过各种渠道培养而成的内在精神品质、身体素质等所有的身心品质。素质的形成有多方面影响因素，它既是人发展的要素的总和，也是人继续发展的基础。人的素质包含政治素质、法律素质、科学和技术素质、道德素质、思想素质、人文素质、创新素质和心理与身体素质等丰富的内容。对于运动员而言，素质教育最为重要的内容是人文素质、思想素质、道德素质、心理素质。素质教育对竞技运动训练的要求是通过训练实践促进教练员和运动员的综合素质的发展，其中的重点是对运动员的素质教育。

对于运动员而言，全面的素质教育应当将人格精神培养作为核心，将身心健康发展作为前提，人文教育和科学教育并重，从而培养运动员的创新精神和创新能力。全面素质教育的重点在于让运动员的素质结构适合社会的需要，完善运动员的人格，促进其和谐发展，使其成为符合竞技运动发展规律，能适应社会发展的专业人才。

#### 1. 必须高度重视运动员的思想素质和道德素质教育

良好的思想素质和道德素质教育可以帮助运动员树立正确的政治观和社会人生观，防止和抵制各种腐朽的思想侵袭，形成和建立良好的人与社会的和谐关系，养成良好的伦理道德品质。

2. 必须高度注意运动员的人文素质和心理素质教育

适宜的人文素质和心理素质教育可以帮助运动员形成优秀的人文精神和素养，获得面对各种干扰因素的处理能力，保持和稳定成熟的、宠辱不惊的健康心理，形成良好的个性心理品质。

3. 必须高度关注运动员的文化素质和科技素质教育

系统的文化素质和科技素质教育可以帮助运动员建立正确的思维方式和方法，提高发现问题和解决问题的各种能力，认识和掌握训练中的各种科学方法、工具，具有良好的文化知识结构。

**（二）创造性的教育思想**

无论从理论还是实践上看，竞技运动中的各种优异运动成绩的取得或各项世界运动记录的不断更新，实质上就是竞技运动训练不断创新的结果。任何一位世界级的优秀运动员的成长经历或一支国际级的优秀运动队的形成历程，实际上就是竞技运动训练不断创新的过程。显然，提高教练员和运动员的创新意识、创新精神和创新能力至关重要。创新是竞技运动发展的灵魂。竞技运动优势项目的保持、基础项目的发展、落后项目的奋进，无不需要创新精神作为支柱，无不需要创新能力作为基础。

随着现代科学技术的不断进步，竞技运动中的理论、技术、方法、手段、工具、材料等有关方面正在发生日新月异的变化。竞技运动的科学训练理论和技术正处于既高度分化又高度综合的阶段。因此，我们不仅需要注重学习专业知识，掌握专业技能，更重要的是要善于技术创新、方法创新、理论创新。提高创新能力，是一个不断激励创新精神、培育创新素质、提高创新本领，以及需要创造良好条件予以保证的系统工程。其中，不断提高教练员和运动员的训练兴趣和信心，是创新教育必不可少的个性心理品质。

1. 必须高度重视运动员文化学习和技能学习的教育

良好的文化学习和技能学习的教育可以帮助运动员打下良好的文化和技术的基础，系统性地了解各种有关的理论知识，形成和建立良好的运动技能和专项技能，再现训练精华、成功经验的景况。

2. 必须高度注意运动员创新意识和创新精神的教育

科学的创新意识和创新精神的教育可以帮助运动员建立完整的理论和知识的基础，能动性地激活运动员的悟性和灵感，形成和建立良好的超前意识的创造思维，获得独立训练、自主训练的能力。

3. 必须高度关注运动员创新能力和实践能力的教育

有效的创新能力和实践能力的教育可以帮助运动员提高专项的分析和应用的能力，科学性地掌握专项创新途径和方法，形成和建立专项继承、创新思维的纽带，取得训练创新、比赛创新的体验。

### （三）民主性的教育思想

弘扬个性、提倡创新是竞技运动活动的根本目的之一。个性是创造性的前提，创造性是个性的体现。由此可见，在教育思想上积极倡导现代的民主性的教育思想实属必要。为此，我们必须清楚如下几点认识：

1. 运动员的主体地位

从认知论的角度来说，主体是相对于客体而言的。在竞技运动训练中，教练员和运动员都是主体，客体是训练内容和竞技能力。运动员在训练中虽然处于“被动”的地位，但不是被动接受者，而是训练主体。因此，必须充分发挥其主体作用。运动员只有在教练员指导下，进行能动性、积极性、主动性、独立性和创造性的训练才有意义。

2. 教练员的主导作用

教练员在训练中的主导作用主要表现在对运动员的“施教”和“施控”上。“施教”包含三层意思：向运动员传授运动知识和技术，全面关心运动员的人格、人品的完善。“施控”是指通过各种质量监控手段，确保运动员达到训练目标的质量要求。

3. 正确处理双边关系

教练员的“训”与运动员的“练”是一种相互依存的互动关系。教练员在训练中既施控也受控，运动员在训练中既受控也施控，这种互动关系具有积极和消极的双重性。健康的双边关系应表现为：教练员的主导作用应当有利于促进运动员独立性、创造性的健康发展。此点，在竞技运动训练专项高级阶段和运动寿命保持阶段的意义更为重要。

## 二、教育模式与竞技运动训练

教育思想是教育的方向，人才培养是教育的核心，教育结构是教育的基础，教育体制是教育的条件，教育机制是教育的保障。由此构成教育模式。

### （一）科学确定培养目标

在教育的范畴内，教育目的是整个国家人才培养的质量要求；教育目标主要是指预期变化的、具体的、有操作性与可测性特点的指标体系；培养目标则是某类教育的具体标准。显然，三者各有其义。其中，教育目的与培养目标之间的关系是抽象与具体的关系。教育目的是对所有接受教育者提出的较为概括和抽象的要求，培养目标是围绕教育目的和针对特定对象所作出的具体、明确的规定，教育目标则是培养目标各个方面过程变化的定量化指标的集合。培养目标不同于管理目标。管理目标是指管理组织系统在一定时期内预期达到的目的和收到的成果，它关心的是整个机构人、财、物、职、权、责的运行机制和有效程度。管理目标的制定要依据培养目标，并为促成培养目标的全面实现起服务保证作用。

竞技运动训练是教育的一种特殊形式。尽管竞技运动训练本身具有特殊、专门的规律，但是它的过程仍然置于教育的基本规律之中。由此可见，竞技运动的竞技运动训练过程也必须遵循教育过程的一般规律和特点。由教育的上述几个概念演绎，我们不难看出竞技运动的训练目的、训练目标、培养目标、管理目标是有根本区别的。

一般认为，我国竞技运动的训练目的是十分明确和一致的。但是，竞技运动的培养目标是有层次的，也就是说不同训练阶段培养目标是不同的。当然，各个阶段的训练目标更不相同。优秀运动员的产生，实际上正是不同训练阶段培养目标的逐步落实而实现的。

科学确定培养目标的意义十分重大。运动员培养目标的确定不仅使训练目的具体化，更主要的是不同训练阶段的训练内容、训练大纲、训练目标、训练结构的制定或确定有了明确的依据。不同的训练阶段有不同的培养目标，因此，阶段性的训练大纲、训练内容设置、课程设计和目标制定都要以相应阶段的培养目标为最终目的来进行。此外，不同类型的运动训练机构和组织也要以运动员的培养目标为依据进行服务工作设计、开展相关服务，并对自己的服务质量进行检查。

### （二）科学设计培养模式

对于运动员而言，培养模式就是为了实现对运动员的培养目标，各级各类的训练机构以自己承担的训练任务为基础所采取特定的系统架构和运行机制。培养模式的选取和建立要以训练思想、训练理论和训练方针等为指导。在实践的过程中，运动员的培养模式具有了风格和特色，并呈现出明显的系统性和规范性。培养模式的构成具体包括以下几项：培养目标，它是培养模式的基本内容，其他的培养要素要在培养目标的前提下确定，培养目标的生成要以不同的训练机构或者训练组织所承担的具体责任来确定；评价体系，它是培养目标实现的保证，是对训练过程和结果进行的检查和评价它基本规格是培养模式的主体，是由培养目标细化而来，是对运动员应该具备的知识体系、能力、素质等内容的明确；培养过程，培养过程是实现培养目标的关键，具体包括训练计划、训练组织形式、训练内容和体系、训练环节等。

培养模式在训练的整个过程中都有所体现。运动员训练模式包括专项大纲模式、训练计划模式、训练内容结构、教学组织形式、训练方法手段、非训练培养途径等。这些不同的内容彼此联系、互相影响，共同构成了一个完善的系统。

专项大纲模式主要有两类，即专门大纲模式和全面大纲模式。专门大纲模式十分强调专项的针对性。而全面大纲模式强调的是专项的全面性。通常全面大纲模式是基础训练阶段和专项初级阶段的模式。专门大纲模式是专项提高阶段和成绩保持阶段的模式。

训练计划模式主要有两类，即刚性计划模式和弹性计划模式。刚性计划模式主要强调标准统一、步调一致，基本忽视个体之间的差异；弹性计划模式强调的是因人而异、区别对待。通常刚性计划模式是基础训练阶段和专项初级阶段的模式，主要用于集体项目之中；弹性计划模式主要是专项提高阶段和成绩保持阶段的培养模式，主要用于个人项目中或集体项目中的承担特殊职责的或患有伤病的运动员。

训练内容体系主要考虑的是运动员的训练内容、竞技能力和竞技状态的形成，以及与训练周期结构在时间和空间上的合理搭配。

非训练培养途径是指训练课以外的各种学习、实践活动，也称“隐性训练”，包括社会实践、文艺活动、文化学习等，应加强引导运动员，使之成为培养过程中的有机组成部分。

运动员培养模式还包含了运动员培养过程中的有关管理问题，主要是培养过程的设计、实施、检查和管理。这些管理工作主要保证培养过程科学、合理、有效、经济。

**（三）科学建立监控体系**

训练质量是运动项目和运动队的生命所在。不断提高训练质量应是各个训练机构管理人员、科研人员、教练员和运动员长年坚持不懈追求的目标。从某种意义上讲，任何优异运动成绩的取得都是训练质量不断提高的结果。所谓“三从一大”训练思想的“从难、从严、从实战出发”，提倡的就是训练质量。目前，许多发达国家竞技运动为了提高训练质量，正在积极应用教育过程的质量监控体系，并取得了突出的成效。从我国竞技运动发达省市，如广东、上海的训练实践上来看，建立科学的训练质量监控体系的意义重大。

训练质量监控体系中含有以下重要元素：监控机构、监控的具体内容、监控手段、监控机制、监控系统和监控指标等，这些不同的元素共同构成了完整的监控体系。

训练质量监控机构，可以通过外聘专家或内聘具有丰富经验的老教练的方式，在组织上、制度上和业务上确保训练质量监控工作的质量；训练质量监控内容通常包括训练计划的质量检查、训练阶段的质量检查、训练课的质量检查等主要内容；训练质量监控手段主要包括训练学、生理学、运动医学、生物力学、心理学等方面的质量检查手段；训练质量监控体系主要是由运动队自检、训练中心内检、训练科处查检构成；训练质量监控机制则由随机检查、跟踪检查、专题检查、比赛检查、汇报检查等机制组成。整个训练质量监控体系是由：监控主体、监控对象、监控内容、监控过程四个方面组成。

1. 监控主体

监控主体分为训练监控机构、训练中心、运动队三个层次。由此构成上下沟通的训练监管网络。训练中心和运动队是基础，其中，教练员既是质量监控机构的督导对象，也是运动队（运动员）训练的监控主体。所以，教练员在训练实施过程中起主导作用，在训练监控过程中起主体作用。训练监控机构是监控系统中的策动中心，负责训练质量监控的动态操作过程。独立的训练督导机构可以会同训练主管机构共同研究、制定和实施具体操作方案。

2. 监控内容

训练质量监控内容的选择十分重要，通常是指训练过程中对训练质量有重要影响的基础性环节。通过对各个监控内容（监控点）的观察与监控，可以全面了解训练状况，及时发现薄弱环节，适时采取补救措施，从而保证训练质量。监控内容主要有：训练大纲、训练计划、训练教材、教练艺术、课前准备、课堂训练、课后小结、日记批改、过程调整、医务监督、比赛设计、训练总结、日常行为准则等。

3. 监控过程

有效的质量监控过程应当始终伴随着训练的实施过程。因此，教练员应当成为竞技运动训练实施工作的组织者和训练监控的主体者。高水平的教练员既是质量监控的实施者，也是质量监控的受控者。自觉开展对运动员训练质量监控的同时，也要自觉接受监控者的质量监控。通常在训练过程中，训练督导或监督人员应定期或不定期地进行训练课的质量检查，听取运动员的意见，或组织同行教练共同评议训练课的实施状况。

广东省和上海市体育局的各个优秀运动队的实践证明，通过上述监控手段对各个质量监控点进行全面监察，可使训练管理机构随时掌握训练一线的质量动态，有效地规范了训练管理的各个环节，增强了教练员的责任感，调动了运动员的主动性，减少了训练过程的随意性，有力地保证了训练质量。

## 第三节　项群理论基础与竞技运动训练

### 一、项目分类与竞技运动训练

竞技运动项目的分类就是根据各运动项目的性质、形式、结构、内容、场地、器材等因素的共同点和差异点，按照一定的标准，把运动项目区分为不同类型。只有对不同项目的分类有清晰的认知，才能使我们准确把握运动项目的本质和特征，才能在进行相关的训练理论研究时能有针对性地进行。对项目的分类还能有助于我们从相似的项目中借鉴经验，完善训练方法的科学性，以及促进运动素质与技术的良性转移，加速提高落后项目的运动成绩。

#### （一）项目分类基本意义

1. 有利于竞技运动训练理论体系的建立和发展

人们对竞技运动训练规律的认识总是从分析各运动项目的训练和比赛特点入手，然后予以科学的抽象和概括，对它们的共有特点进行总结和分析，然后以此改进各个项目的训练实践方式。所以，项目分类有助于我们丰富竞技运动训练的理论体系，通过科学的理论对竞技运动实践进行指导。

2. 有利于探索各运动项目之间的异同关系

人们根据不同分类的标准，通过分析不同类型的运动项目的各个要素，可以深刻认识各运动项目的个性和共性，以便在竞技运动训练各个阶段，根据需要合理地进行项目转移、技能迁移、战术植移。因此，其对提高整个竞技运动训练效益，具有十分显著的实践意义。

3. 有利于揭示各运动项目的本质属性特点

由于各个运动项目发展的广度、深度具有极大的差异性，人们可以通过研究同类项群某些优势项目的发展经历，能够积极揭示弱势项目的现实训练结症，科学采用提高训练水平的有效方法。因此，其对提高不同类型项目的训练水平，具有十分明显的理论意义。

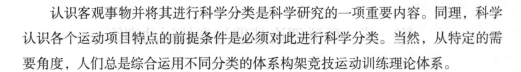

认识客观事物并将其进行科学分类是科学研究的一项重要内容。同理，科学认识各个运动项目特点的前提条件是必须对此进行科学分类。当然，从特定的需要角度，人们总是综合运用不同分类的体系构架竞技运动训练理论体系。

### （二）若干分类体系简介

#### 1. 国际几种分类体系

国际上对于运动项目的分类方法有很多，本书在此主要介绍以下五种分类体系：

（1）最大限度发挥运动员的体力和意志力的项目

这一类项目的特点是比赛中通过发挥运动员个人或集体的运动能力而直接取得竞技成绩。竞技运动的主要运动项目大多属于这一类，如田径、体操、格斗、游泳、球类、击剑等。这一类项目训练中应以提高运动员个人运动能力和意志力为主。

（2）通过操作特殊移动器械的项目

这一类项目的特点是由运动员人工以外的动力和运动员的操作技能决定竞技成绩的，如摩托车、汽车、帆船等。这类项目训练中除了不断提高运动员的操作技能外，还须选择最好的移动器械。

（3）使用器械（武器）瞄准目标的项目

这一类项目的特点是运动员身体活动受到很大限制，如射击、射箭等。这类项目的训练中应以提高运动员的本体感觉能力，特别是精细感觉能力，以及稳定性为主。

（4）比较运动员模型—设计活动结果的项目

这类项目的特点是一种智力活动与精细制作活动的结合。主要包括航空模型、汽车模型、航海模型等项目。

（5）用抽象理论和智力战胜对手的项目

这一类项目的特点是以智力活动为主，包括国际象棋等。这类项目的训练应以提高运动员的智力为主。

#### 2. 国内几种分类体系

国内对运动项目的分类中，最常使用的分类体系是北京大学教授田麦久提出的三种分类体系，具体介绍如下：

（1）按竞技能力的主导因素分类

这种分类方式的分类标准是运动所需的竞技能力。以此为依据，竞技运动可以分为体能类运动项目和技能类运动项目。根据能力的主要表现形式还可将其具体分为以下四种：体能类可分为速度力量性和耐力性两种，技能类可分为表现性和对抗性两种。再进行细分，体能速度力量性项目包括跳跃类项目、投掷类项目和举重类项目，体能速度性项目包括短距离跑、游泳等项目，耐力性项目包括中长距离跑、超长距离跑两项；技能类表现性项目包括准确性项目和难美性项目两种，技能对抗性项目包括隔网对抗项目、格斗项目、同场对抗项目三种。这些细分的分支共同构成了以竞技能力主导因素为标准的分类体系。

（2）按运动项目的动作结构分类

按运动项目的动作结构进行分类的思想源于马特维也夫。在这一分类系统下，一级标准是运动项目的动作结构，具体划分为单一动作结构类、多元动作结构类和多项组合动作结构类三种。二级划分标准是不同动作的组合形式，单一动作结构类分为周期性和非周期性项目；多元动作结构类项目分为固定组合动作类和变异组合动作类两种；多项组合动作结构类项目可分为同属多项组合类项目和异属多项组合类项目两种。

不同类型的运动项目还有不同的要求和特点。例如，运动员在进行单一运动结构项目中的周期性项目训练时，要将单一的动作多次重复。这样的项目包括走、跑、自行车等项目。多元动作结构项目中，固定组合类项目中的动作组合形式在比赛中是固定不变的，变异组合类项目中的动作组合则可以在比赛过程中视实际情况而发生变化。在多项组合类项目中，多项组合项目是由一系列属于同一个大项目中的若干子项目组合而成的。例如，田径十项全能项目就是这一类。

（3）按各项比赛成绩的评定方法分类

竞技运动项目还可根据比赛成绩的评定方法进行分类。在这种分类标准下，竞技运动项目主要分为以下几种：制胜类、命中类、评分类、测量类、得分类。

第一，在制胜类项目中，获胜的方式有两种，一是运动员取得了绝对性胜利，比赛也将因此结束；二是没有哪方运动员取得了绝对性胜利，这时则由双方的命中得分情况判定胜负。

第二，命中类项目可以细分为无防型项目和设防型项目。无防型项目没有防守人员或防守行为，命中目标的次数决定了比赛的胜负，如射击类项目；设防型项目中双方设有防守，本方选手必须突破对方的防守命中目标，以命中目标的多少决定胜负，设防型项目中，得分的方式既包括本方队员进攻的命中分数，也包括对方失误产生的“送分”。

第三，在评分类项目中，裁判员将根据一定的规则和方法对运动员的运动表现和动作质量进行评分，最后的综合分数最高的选手为最终胜出者。

第四，测量类项目的成绩是通过对运动员的运动产生的高度、重量、远度或者运动员完成某一运动所用的时间的长短进行测量产生的。

（4）三种分类体系的结构关系

以上介绍的三种分类体系的分类依据各不相同，并从不同的角度对竞技运动项目的内部结构进行了区分。不同的分类标准之间也存在密切的联系，因此，一个体系中划分出的项目群体也能在其他体系中找到对应的位置。例如，技能因素主导的分类体系中的难美性项目，属于动作结构分类中的固定组合多元动作结构类项目，在成绩评定方法主导的分类方法中，它们又属于评分类项目中裁判给分的评定方式项目。又如，体能主导类项目中的耐力性项目在动作结构分类体系中，属于周期性单一动作结构项目，在成绩评定方法主导下的分类系统中又属于通过准确测量时间来判定成绩的项目。因此，在对不同的组织训练活动进行研究的过程中，可以将不同的项目划分为不同的项群再进行对应的研究。

竞技运动训练的核心是运动员的竞技能力，所有的竞技运动训练活动都必须在科学理念的指导下进行规划和组织。通常情况下，研究者们以竞技能力的主导因素为划分标准，将包括奥运会项目在内的各种竞技运动项目分为八个项群，对其进行分析研究。

## 二、项群训练与竞技运动训练

不同竞技运动项目通过不同的划分标准聚合为一个类属，被称为“项群”。对于项群的训练基本规律进行研究和探讨的理论被称为“项群训练理论”。

## （一）项群训练基本理论

### 1. 竞技能力决定因素

任何一个运动项目竞技能力的高低都是由运动员的运动机能、运动素质、运动技术、运动战术、运动心理、运动智力，以及思想作风等几个方面的能力所决定的。这些能力又由一系列不同层次的具体能力所组成。

对于耐力性项目而言，运动员的耐力素质和身体的心血管系统的能力在运动中起着十分关键的影响作用。而对于体操项目而言，耐力素质的重要性则没有那么大。在不同的项群中，同一竞技能力对运动员整体能力的决定作用也各不相同。以运动技能为例，对于每个运动员的竞技能力和发展而言，运动技能都有不可忽视的意义。但是在不同的项群中，运动技能产生的影响作用的大小有着明显差异。此外，战术能力在不同的项群中的重要性也各不相同。在属于同场对抗类项群的球类运动项目中，战术往往能左右比赛的结果，但是在表现准确性的项目中，战术就没有什么发挥的余地了。因此，要想研究不同竞技运动项目训练，首先要对不同项群的竞技能力及其主导下的项目构成系统进行深入研究，这样才能对各竞技运动项目中竞技能力的构成和作用有深刻的认知。

### 2. 运动成绩决定因素

运动成绩泛指竞技运动比赛的最终结果。对于竞技运动竞赛而言，其结果主要体现在以下两个方面：一是比赛的名次；二是运动员们在比赛中展现的竞技运动水平，即成绩。运动员竞技能力、运动员在比赛中的发挥水平、对手的竞技能力和发挥水平，以及比赛的评价方式是决定比赛结果的基本因素。此外，运动员的专项能力水平也是竞技比赛中十分重要的影响因素，且在不同的竞技项目中表现出不同的特点。

运动竞赛的特点之一是运动竞赛的双方或多方的对抗性特点。但是，在不同项群运动项目的比赛中，对抗特点、表现形式和对抗程度有明显的不同。大多数情况下，同场对抗项目比赛中，双方运动员会产生激烈的身体对抗，并在这种环境下完成各种复杂的进攻或者防守动作，因此，对方运动员的身体动作会对本方运动员的技术水平发挥产生巨大影响；但是，在隔网对抗性项群的项目比赛中，由于有网隔开，至少运动员可以不受对手身体直接的干扰；而田径的田赛项目和难美性项目的比赛中，因运动员依次比赛，故而受到对手身体动作的直接影响更少。

各运动项目运动成绩的评定方法不同，对运动竞赛的结果所产生的影响也是各不相同的，随着电动计时、电子测距系统的发展，跑、竞走、游泳等各种竞技运动项目和跳跃项目对精确度的要求越来越高。但是在体操、花样滑冰等需要裁判进行判定和评价的项目中，裁判员的职业道德和业务能力也会对比赛结果产生巨大影响。

竞赛规则发生变化会导致比赛过程和评分方式的变化，进而影响比赛结构，不同项群有自己独特的比赛评分规则和比赛方式，因此其发展趋势也有所不同。

在对各竞技运动项目训练进行研究的过程中，我们要对项目的成绩决定因素进行深入研究，把握其特点，这样才能对不同的运动项目进行宏观层面的管理，进而有针对性地改进运动员的训练活动，使训练组织更加科学。此外，正确掌握项目的成绩决定因素也有助于运动竞赛组织和体育情报工作的开展。

**（二）项群训练基本特点**

对于竞技运动训练而言，最主要的目的是让运动员的能力快速稳定的发展，从而使其在运动竞技比赛中充分展现自己的竞技能力，而得到理想的比赛成绩。竞技运动活动的主要构成部分就是训练和比赛。对于不同的竞技项群而言，决定运动员竞技能力水平和项目成绩的因素体现出了不同的特征，因此在不同的项群中，训练的主要方式、内容和手段也有所不同，在运动训练中，运动员的负荷量和恢复方式上也有所不同。

运动员在竞技能力发展和发挥方面的需求，决定了竞技运动训练的内容和目标。而训练内容和目标则决定了训练的方法和手段。

对于体能主导的运动项目而言，训练的主要内容是提升与体能相关的运动素质，因此主要的训练方法主要包括以下三种：间歇法、重复法、持续法。通常，教练员需要对训练活动中负荷量和运动员的体能变化等因素进行掌控。

对于技能主导的项目而言，训练内容则相对较多，除了运动素质之外，还要提升运动员的技术和战术能力。因此，在这类项目的训练中几乎包含了所有运动训练方法。决定训练方法采用的是手段设计和方法选用。在训练过程中，教练员应当把握运动员相关技能的发展程度和稳定性，在集体项目训练中，还要对运动员的对抗性经济技能的提升以及整体对抗性技能的提升与发挥提起重视。

在对竞技运动训练的相关理论进行研究时，要重视对优秀运动员的技能结构的特征进行持续研究。在现代竞技运动中，运动员的竞技能力多是以全面加特长为特点的，但是不同项群的优秀运动员在这一点上的体现也有所不同。

对于项群训练理论而言，项群训练的内容、手段和方法在相关研究内容中占有十分重要的地位。学者们要想对项群的形成、项群相关竞技技能、运动项目成绩的决定因素等进行研究，就要先对项群的训练内容和方法进行研究，通过这种方式才能促进项群中相关的各种竞技项目训练理论和训练实践的发展，从而完善竞技运动训练的相关理论体系。

## 第四节　管理基础与竞技运动训练

### 一、管理过程与竞技运动训练

#### （一）竞技运动训练管理释义

竞技运动训练管理是一个组织、协调、计划和控制竞技运动训练系统的综合过程。在此过程中，管理者需要遵循竞技运动的客观规律，通过合理有效的方式和发法进行，以达到提高训练活动的效果和实现训练目标的目的。它主要包括的几层含义是：管理者对运动队进行计划、组织、控制、协调的一种综合活动；以教练员为核心的运动队、各种管理人员对运动员的管理活动；具有科学指导、医学监督、文化教育、物资保证、管理制度、项目布局等必要的条件；具有明确的目标，是一个有组织、有计划的活动过程。竞技运动训练管理极为复杂。科学有效的竞技运动训练管理，首先要建立在对竞技运动训练管理系统的各要素的理解，以及对各要素之间的联系的认知基础上。

#### （二）竞技运动训练管理要素

竞技运动训练管理系统主要是由管理者、被管理者和管理环境等要素所构成的，各要素之间相互联系、相互制约。竞技运动训练管理要素中的管理者、被管理者是相对的。在某一层次上的管理者是上一层次的被管理者；某一层次的被管理者则有可能属于下一层次的管理者。例如，在运动队的管理中，教练员既是管理机构的被管理者，也是运动队中的管理者。

管理环境主要包括财物保证、医学监督、科学指导、文化教育、训练环境、管理制度等。其中，财物保证包括财务、场地、器材、生活、服务等；医学监督包括医务、营养、恢复等；科学指导包括诊断、咨询、信息等；文化教育包括思想教育、文化学习等；训练环境主要包括训练场地环境、训练气氛、器材条件、卫生状况等。管理制度包括各项管理制度和运行机制，以及本队制定的岗位责任制、生活管理制度、会议制度等。管理机构还需考虑项目布局、项目管理体制、项目发展规划等。

### （三）竞技运动训练管理程序

竞技运动训练管理程序具有相对性。按控制角度划分，可把管理程序分为形势分析、计划制订、过程实施、过程监督、过程评估和结果评定等六个环节；按行政过程划分，可将管理程序分为目标、计划、组织、指挥、控制和考核等六个环节等。

竞技运动的一个特性是层次性，管理的过程可以分为不同的环节，每个环节又能继续细分。以计划制订为例，它可以细分为形势分析、确认目标、计划拟定、计划科学性论证等环节。

竞技运动训练管理程序具有交叉性。管理过程各环节的划分是相对的，有时在完成某一环节的任务时，也可能兼做其他几个环节的任务；有时同一环节的任务有可能在几个环节中完成。

## 二、管理原理与竞技运动训练

竞技运动训练管理如同一般管理活动一样，都必须遵循一般管理的客观规律，遵循科学管理的基本原理。正如著名管理学家泰罗（Tiro）在他的代表作《科学管理原理》一书中指出的那样，管理是一门科学，最好的管理是建立在规则、法则和原理的基础上的，只要能将这些理论正确应用在实践当中，就能产生令人惊讶的结果。

竞技运动训练管理原理反映了竞技运动训练管理活动的规律性、实质性的内容。竞技运动训练管理原理对于指导竞技运动训练管理实践、提高管理效能、有效实现管理目标，具有十分重要的意义。竞技运动训练的科学管理主要是由系统原理、人本原理、动态原理和效益原理组成。

### （一）系统原理基本要点

系统原理是指以训练目标的实现为目的，通过对系统理论的应用，细致且系统地分析管理的对象。对于竞技运动训练而言，系统的目的性、整体性、层次性是系统原理的重点。

1. 目的性

在竞技运动训练活动中，每个运行系统都有其唯一的目的，在设计训练活动之前，我们要根据系统不同的目的或功能来设置子系统并完善其结构建设。子系统的目的是根据系统整体的目的分解而成。

2. 整体性

对于一个系统而言，整体性主要指系统整体与局部、整体效应和各系统效应之间的联系。一般情况下，整体的功能要比各部分的功能之和更大，系统的功能是建立在系统各要素的功能之上的，只有让系统的各个要素之间协调发展，才能让整体的效应得到完美实现。这一点对于系统原理的应用而言十分重要。

3. 层次性

每个系统都有其层次结构。因此，管理也必须依据系统的不同层次进行，做到分层管理、各自负责、各司其职，形成良性管理秩序。对于竞技运动训练而言，对训练过程的管理可划分为训练过程规划管理、执行管理、监督管理，各个系统和各个层级之间的联系十分紧密。

### （二）人本原理基本要点

竞技运动训练管理的人本原理是指以人为本，在适宜的范畴内，通过不断采取能够满足适宜的需求的激励方式，达到提高训练效果的基本规律。人本原理以做好人的工作，调动人的积极性、主动性为根本。人本原理的要点在于人本的需求性、适应性、激励性。竞技运动管理以管理者为主导、被管理者即运动员为主体，人是管理行为的核心。人本原理要求管理要重视系统的需求性、激励性和适应性。

1. 需求性

根据马斯洛（Maslow）的需求层次论：人的需求可分五个层次，即生存需求、安全需求、归属需求、尊重需求和自我实现需求。每个从事竞技运动训练的教练员、运动员在同一时期会有不同需求；随着时间、环境的变化后不同，时期会有不同的需求；同一教练员或者运动员在同一时期，可能兼有几个需求。我们必须高度注意他们的不同需要和变化。

2. 激励性

人的动机是由需要决定的，人的动机的稳定性、强度性则由管理者的激励机制和措施决定。通常针对不同教练员、运动员的不同需求，采取不同的激励措施。例如，针对有生存需求的人，可采取适时提高工资、待遇，合理发放奖金，改善工作条件，定期体检，提供健康的娱乐等手段；针对有安全需求的人，可采取稳定职业、口头承诺、书面合同、享受优先权益，代购各种保险，适时晋升等手段；针对有归属需求的人，可采用积极出席特殊场合，成为特殊小组成员，提供关键岗位等手段；针对有尊重需求的人，可采用公开奖励、表彰、授予称号，公开场合露面，为训练决策层服务等手段；针对有自我实现需求的人，可采用赋予领导特殊的任务、承担重大事宜的顾问、协助指导训练工作，接受某个高层次教育、培训等手段。

3. 适应性

适应性是指人对外界环境和内心变化而产生的相应承受力。心理适应使人能够应付各种复杂的环境变化。实践证明的“艺高胆大，胆大艺更高”就是这个道理。高度的心理适应能力，是在长期的实践和经历中反复磨炼和造就出来的，所以，管理者必须理论联系实践，一切做到以人为本。这样才能提高管理能力和水平。

### （三）动态原理基本要点

对于竞技运动训练管理而言，动态原理是指管理者要以管理对象的变化为依据，对训练活动的各个环节进行规划和调节，让整个活动过程在动态下实现训练目标。动态原理要求管理要重视系统的关联性、反馈性和时空性。

1. 关联性

在动态原理视域下，竞技运动训练管理过程中的关联性表现在系统各个要素之间的联系与相互作用上。事物永远处于变化的状态下，因此，竞技运动训练中的各个要素间的关系和结构也经常发生变化。在管理中我们应当重视系统各要素在动态条件下的关联性，并以此为基础制定各种预案，应对其可能发生的变化。

2. 反馈性

在训练过程中，运动员的各项变化属于一种信息变化，对信息的控制和反馈也是训练过程的重要环节。在竞技运动训练中，任何管理者都需要时刻注意反馈信息的变化，并据此对自己的控制方案进行调节，不断调节训练的结果，使其逐渐接近训练的最终目标。

3. 时空性

物质以时间和空间的形式存在。管理系统的结构也会随着时间或者空间的变化而产生变化。因此，管理措施要根据训练的实时进程进行更改，否则就无法达成预期的效果。所以管理要把握时机，抓住关键的时间节点，这样才能更好地发挥管理的效果。

**（四）效益原理基本要点**

对于竞技运动训练的管理而言，效益原理指的是一种付出最小的代价创造出最大的收益的规律。

我们对于竞技运动训练的管理目的在于使这一活动创造最大的社会经济效益。而效益原理的本质就是让系统通过管理行为实现最优的社会经济效益。效益也是管理是否有效的衡量标准。效益原理要求竞技运动训练管理重视目标性、成本性和效益性。

1. 目标性

竞技运动训练管理项目的目标由目的决定。对于我国的竞技运动训练而言，其目的在于创造社会效益。但是随着体育经济的发展，一些运动项目的商业价值逐渐凸显，竞技运动训练也逐渐具备了经济价值。因此，在竞技运动训练项目管理中，目标的确定要根据其目的进行细分和转化，首先要对训练管理的各种效益目标进行定量分析，如社会效益的定量分析、经济效益的定量分析等，然后根据这些内容对训练成本进行比较。

2. 成本性

竞技运动训练管理工作的核心目的在于，在保证实现训练和管理目标的前提下，充分利用或者减少训练中的投入。在训练实现的效果或者目标一定的情况下，投入成本越少表示效益越高。我国目前的经济训练管理工作的核心内容就在于，通过对效益和成本间的关系的分析和协调，达到合理降低成本，提升成本投入所产出的价值的目的。

3. 效益性

竞技运动既有社会效益也有经济效益，其社会效益，如在推动政治和经济的发展、社会文化建设、加强全民素质教育等，是无法通过数字指标进行衡量的。但是通过对训练成本的投入、消耗和产品价值的比较等方面，我们还是能对其效益作出比较的。因此，对于竞技运动训练的效益而言，其提升方式主要在于合理使用训练过程中投入的各种资源。

## 三、职能要求与竞技运动训练

训练机构主要是指直接负责运动员训练工作的单位或机构。这里主要是指优秀运动队的组织机构。目前，我国优秀运动队的基本形式是单项运动的俱乐部队、高校高水平运动队和隶属省体育局的各个运动队。这些训练机构的主要成员有：运动员、领队、主管和助理教练、医护人员、后勤相关人员。领队、主管教练和科医人员是队伍中的主要管理者。因此，在管理工作中要重视对这些人员的选拔，这样有利于提升其管理水平，进而起到间接提升队伍竞技水平的作用。

### （一）相关人员职责要求

竞技运动训练管理过程的各个相关人员的工作职责应当具有明确的分工，这是竞技运动训练管理实现训练目标的组织保证。这里的职责分工的内容划分主要依据竞技运动训练的过程结构和机构管理、比赛指挥的主要环节。显然，框架式地列出的职责范围是为了区分训练机构内部不同人员的大致分工协作的工作内容，同时说明，不同相关人员在训练机构（运动队）中的基本作用。

在竞技训练队伍中，不同的管理人员的职责也各有不同。主管教练对于整个队伍的管理和训练工作起着主导作用，领队对组织的管理和训练过程进行监督，科医人员对训练过程进行监督和评定，对运动员的身体情况进行诊断。除主管教练之外的相关管理人员各司其职、相互合作，共同对管理工作进行协助和辅助。毋庸讳言，在竞技运动训练的管理过程中，承担协助和辅助职责的相关人员的责任十分重大。从某种意义上讲，正是这种协助和辅助职责才使竞技运动训练的任务得以落实。当然，任何训练机构的主教练员都应当具备合理优化和科学配置人力、物力、财力资源的能力。唯有如此，才能充分发挥相关人员的作用。

1. 主管教练的具体职责

主持项目发展规划的制订、重大比赛的训练计划制订；在赛前组织相关人员进行赛前准备，赛场上亲自进行指挥，赛后组织进行总结；主持训练各阶段、每阶段的课程和训练计划的实施工作；组织对各阶段训练计划的检查和监控工作；协助领队进行教育和生活方面的管理工作；组织科医人员进行技术诊断、义务监督和对课程的评定等工作，并协调各类人员配合；负责业务人员的工作开展，组织业务人员对行业动态进行分析，通过改革创新、经验总结等对业务进行改善，组织其接受相关考核。

2. 领队的具体职责

组织人员进行教育和生活管理工作；协助主管教练制定发展规划和关于重大比赛的训练计划；协助主管教练进行各阶段，以及课程训练、项目训练的制定与实施工作；对训练阶段和训练课程的检查和评定工作；协助相关人员进行赛前准备工作；协助主管教练进行临场指挥和赛事的幕后工作，配合主管教练进行赛后总结。

3. 科医人员的具体职责

协助相关人员进行项目发展规划制订和重大赛事的训练计划制订；协助相关人员在赛前进行情报收集工作、配备医疗设施、针对运动员进行营养调理等；配合主教练进行赛后总结；对训练过程各个阶段的训练进行分析和诊断；对运动员在训练阶段和课程上的负荷进行检查、评定和医务监督；对科技服务和攻关等工作制订计划。

### （二）主管教练知识要求

纵观我国竞技运动训练过程和参与的各项重大赛事，能从中得出结论，对于竞技运动发展而言，优秀的教练员能起到十分重要的促进作用，一名优秀的教练员能将现代科学知识合理地运用于训练和比赛中，并对其进行一定的创新。

通常情况下，优秀的教练员需要具备如下的知识结构，即公共基础知识和竞技运动独有的专业知识。这些理论知识集中反映在四个方面：体育的生物学科知识、体育的社会学科知识、体育的自然学科知识和体育的训练学科知识。由于不同运动项目的主导因素、动作结构、比赛形式不同，客观上决定了不同项目教练员专业知识结构的权重。同一学科内容对于不同项群教练员的重要程度是不一样的。因此，不同项群对教练员的专业知识结构的要求是不同的。

### （三）主管教练能力要求

主管教练执教能力的高低直接决定了专业知识和职业素质的转化程度。其中，业务素质是基础、品德素养是主导、职业能力是主体。三者互为渗透、相辅相成，构成了教练员专业技术的职能体系。其中，品德素养主要由政治素质、思想素质、道德素质构成。这是任何具有强烈事业心和高度责任感的教练员必须具有的基本素养。

职业能力是教练员专业技术的职能体系中的主体。对于竞技运动而言，教练员的职业能力主要包括基础的人际交往能力、语言叙述和文字叙述能力、优秀的身体素质以及专业方面的临场指挥能力，专项技术能力，训练相关的观察、分析、规划、组织、监控能力和训练创新能力等。除此之外，优秀的教练员应当具有全局观念、系统观念、动态观念、人才观念、竞争观念、效率观念、信息观念、市场观念等；还应具有独特的人格魅力、健全的体魄和心理素质。

但是，与不同运动项群教练员的知识结构不同的道理一样，对不同项群教练员的职业能力与素养的要求也是不一样的。

不同项群教练员的基本职业能力与素养是不同的。我们必须根据运动项目的性质，不断培养和提高适合本项目的职业能力，才能最大限度地发挥教练员的主导作用。

### （四）教练员的选配比例

通常情况下，相关组织在选配教练员时会根据不同层次的教练员和运动员之间的限额比例等因素进行配比。国家体委对此有相关的规定，国家队教练员与运动员之间的限额比例为1：3～5（人）；省、区、市优秀运动队教练员与运动员之间的限额比例为1：4～6（人）；竞技体校、体育运动学校教练员与运动员之间的限额比例为1：6～10（人）；重点业余体校体育中学教练员与运动员之间的限额比例为1：8～12（人）；普通业余体校教练员与运动员之间的限额比例不低于1：12（人）。按照不同层次教练员的高级、中级、初级职务之间的比例结构来选配教练员。国家队教练员高、中、初级职务之间的结构比例为6：3：1，省、区、市优秀运动队教练员的高、中、初级职务之间的结构比例为2～3：5：3～2；各类体育学校的高、中、初级职务之间的结构比例为1～2：5：4～3。此外，优秀运动队的国家级教练员人数应占教练员高级职务人数的10%～15%；各类体育学校的国家级教练人数不超过教练员高级职务人数的5%。

# 第三章　竞技运动训练的基本原则

本章主要介绍竞技运动训练的基本原则，并从三个方面进行了阐述，分别是专项训练深化与系统不间断性原则、周期安排训练与适宜负荷训练原则、适时恢复训练与区别对待训练原则。

## 第一节　专项训练深化与系统不间断性原则

### 一、竞技运动训练的专项训练深化原则

#### （一）专项训练深化原则释义

所谓专项训练深化原则，从字面上可以理解为对专项内容的组织训练过程的不断深化。具体而言，可以理解为根据专项运动的特征，队内运动员的训练水平的提升状态和深化训练阶段的各个任务，以一般训练为基础，对专项训练内容、手段、方法和时间等进行合理安排，使得专项训练的成果逐渐提升。

专项训练深化原则旨在提升高级运动员的技能，这项训练要建立在一般训练和专项训练结合的基础上。专项深化训练表现了对一般训练的价值的肯定，也表现了对专项训练作用的重视。所谓专项训练，是指通过一些和专项动作在某些方面（如动作方面，解剖学和生物力学方面，生理供能特点方面等）有相似之处的练习，提高身体在专项运动中起到作用的各个器官和系统的能力，让运动员在专项运动方面的身体素质得到提升，同时，让运动员掌握专项运动中所需使用的理论、技术、战术知识，增强运动员在专项运动方面需要提升的心理品质。一般训练指的是在训练过程中采取不同的训练方式提高运动器官的技能，让运动员的运

动素质得到全面发展，改善其体型和体质，使其掌握与运动相关的、具有普遍性的技术和理论知识，提高其心理素质等。一般训练是专项训练的基础。

### （二）专项训练深化原则的科学基础

1. 系统论基础

训练内容系统、时间序列系统、控制结构系统共同组成了竞技运动训练的体系，这是一个三维内容系统。在竞技运动训练体系中，训练内容体系的构成包括运动技术和战术、运动智力、生理技能和身体运动素质、文化知识、运动心理等相关因素；时间序列系统的构成包括多年训练过程、年训练过程、周期训练过程、阶段训练过程、周训练过程、日训练过程和单元训练（课程训练）等时间长度不同的训练过程；控制结构系统的构成包括制定训练计划、建立训练目标、诊断起始状态、组织训练实施、监督检查评定，以及实现训练目标等基本环节。在竞技训练的三维坐标体系中，每个空间坐标都对应着特定的内容。随着训练进程的不断推进、训练内容的不断精深、结构的不断细化，运动员的竞技相关技能水平也必然不断得到提升。对专项训练深化系统的整体性的深刻认识有助于提升训练的质量。

2. 技能学基础

所谓动作技能是一种由中枢神经系统支配下形成的神经系统联系，这是一种暂时性的联系。通过一般性的运动训练，运动员能够在中枢神经系统中建立起在专项运动中起到作用的暂时性的神经联系，这也为今后的专项训练奠定了运动基础。专项深化训练则通过不断地深化训练过程让运动神经联系得到调整，将非专项技能逐渐转化为专项技能，让神经联系逐渐变得精确，最终在高级的神经中枢系统中，形成能够适应专项运动技能的最适合的、暂时性神经联系结构。

3. 机能学基础

人体的运动素质反映为基本运动机能，这其中的一些素质的发展之间相互影响、相互促进。如力量素质发展的同时速度素质也会有所提升。但是，另外一些素质之间就会形成相互制约的关系。例如，有氧耐力发展到了一定的程度，就会使得人体的速度素质提升产生困难。因此，深化专项训练就要以专项运动的特点为基础，以专项训练的内容和结构为依据，合理安排专项训练的方法、负荷量和手段，让它们之间形成和谐的关系。

### （三）贯彻专项训练深化原则的训练学要点

#### 1. 科学认识一般与专项训练关系

注意一般训练，在多年和全年训练中要合理地安排一些一般训练的内容。为此，在初级训练阶段和高级训练阶段，适度安排运动员的一般训练尤为重要。在初级训练阶段，重视一般训练，是为了在神经系统形成较丰富的暂时性神经联系，使运动员掌握较多的动作方法，从而获得较全面的动作储备。这是专项运动成绩赖以提高的基础。

#### 2. 科学地逐渐加大专项训练的比重

专项训练内容的增加一定要符合科学规律。随着运动员专项训练水平的提升，不同阶段的深化专项训练任务的变化，专项训练的比例也应当逐渐增大，训练方法和手段也应当随之产生变化，变得更加有效、更加有针对性。此外，在专项训练中，对于各个因素的结构搭配也应当逐渐向着专项运动的实际结构搭配进化，运动员的运动负荷也应逐渐接近专项比赛实践中的运动负荷量。

#### 3. 科学设计专项训练的系统结构

在竞技运动的专项训练中，要重视对训练的任务、手段、方式、内容和负荷量的设计安排。具体而言，要正确认知训练中整体与局部之间的关系，要对专项训练中一般训练、专门训练、辅助训练和比赛训练等各方面的内容进行合理安排；要合理安排一般训练到专项训练，再到深化训练的转化工作，使得训练系统能平稳地向纵深发展。

## 二、竞技运动训练系统不间断性原则

### （一）系统不间断性原则释义

在竞技运动训练中，系统不间断性原则指的是训练过程要保持系统性，并持续地、循序渐进地进行。这一原则强调规律和秩序，在训练的整个过程中，如训练初期和末期，都不能忽视训练系统中各个因素之间存在的联系，也不能忽视人体的发展规律，且要保持训练的秩序。竞技运动训练系统是一个人造复合系统，它具有多因素、多层次且结构复杂的特征。从横向看，竞技运动训练系统中的诸多因素之间互相影响，且表现出十分明显的顺序性。例如，训练的计划、实施、监督和纠偏等环节具有很强的时序性，而每一个环节中的具体内容又展现出十分明显的层次性和系统性。因此，竞技运动训练是一个不能间断的过程。从纵向上看，运动员的成长过程通常包含五个阶段，依次是：启蒙训练阶段、专项的初级训练、深化训练、创造成绩和保持成绩、延长运动寿命。这些阶段依次出现在运动员的运动寿命历程中，运动员也在这些阶段的训练当中持续成长，直到运动寿命的结束。

### （二）系统不间断性原则的科学基础

1. 系统论基础

在各种运动项目中，相关知识、技术和战术、运动素质发展等因素在其内部存在一定的联系，也存在一定的体系。这些联系和体系反映了事物发展的渐进过程。在运动训练实践当中，我们也必须遵循事物的发展和认识规律。

2. 生理学基础

运动员相关运动水平的提升不是一蹴而就的，它需要一个漫长的过程，通过相应的训练，人体在形态、生理、心理等方面产生了一定的良性适应变化，同时运动员也在技术和战术等方面得到了提升，这也是一个由量变到质变的过程。质变是量变的结果，量变是质变发生的前提，但无论是质变还是量变，都必须在持续的训练中才能有实际含义。

### （三）贯彻系统不间断性原则的训练学要点

1. 科学遵循系统训练的训练规律

训练规律是一切训练的基础和前提，在竞技运动训练中，我们要科学地对待训练规律，以训练各部分和各要素之间的内在联系和各部分系统关系为依据，选择训练内容和训练手段，使得训练过程能够由易到难、由浅入深、由简到繁，循序渐进地开展下去。此外，也要重视它们之间的层次性和时序性，要考虑训练条件的变化性，运动员训练程度的离差性，从不同的角度对训练内容进行全面的分析和考虑，并在此基础上进行合理安排。

2. 科学贯彻系统训练的管理体制

训练全过程的系统不间断性原则还必须体现在系统的训练体制上。各训练阶段的组织形式之间要有机地联系和结合，这包括中小学代表队、体育传统学校、业余体校、体育运动学校直至优秀运动队等各级组织。在训练内容的安排上、指标的规划上、比赛的要求上都应层层衔接。因此在训练开展前期，训练系统中的各级别的训练组织都要根据自己的任务和训练内容，制定相应的训练计划和训练大纲，对自己的目标进行科学设置，确保运动员能够在训练过程中稳步提升自己的运动水平。

3. 科学执行过程控制的基本程序

要坚持全年、多年的不间断性训练，保证有机体取得显著的良性适应变化，是取得优异运动成绩的关键。为此，在全年、多年训练中，我们必须使这一过程的每次课、每个训练周、阶段、周期有机地联系起来，使运动员在逐渐产生适应的基础上，不断提高运动水平，直至创造优异成绩。当然，这种不间断性并不是指在训练过程中不需要安排适宜的间歇和调整时间。恰恰相反，只有科学地安排积极性间歇活动和恢复时间，才能更好地保证训练不间断的系统性。

## 第二节　周期安排训练与适宜负荷训练原则

### 一、竞技运动训练的周期安排训练原则

#### （一）周期安排训练原则释义

所谓周期安排训练原则就是指在训练开始之前，要根据项目的竞技状态特征、相关项目的重大赛事安排规律、竞技运动训练的结构特点等因素进行训练组织和计划。训练的周期性、竞技状态提升的规律，以及计划性是这一原则的重点。

国际和国内的重大体育赛事一般都有其举办规律，如奥运会四年举行一次。因此，运动员为了提高自己在赛事中取得的成绩，要根据这种规律制订计划进行训练。

### （二）周期性训练原则的科学基础

1. 技能学基础

运动员要想在比赛中获得优异的成绩，就要在比赛前将自己的竞技状态调整到最佳。竞技状态的形成具有周期性的规律特征。竞技状态的形成需要经历三个不同的阶段：一是获得阶段，在这一阶段的初期，运动员需要让自己的身体素质、相关运动技术和心理素质逐渐形成并获得一定的发展，后期则需要让这些因素有机组合、协调发展，共同促使整体的竞技水平提升。二是相对稳定阶段，在这一阶段，运动员要将自己获得的竞技状态的所有积极特征展现出来，使其进一步巩固和发展，为取得优异的成绩打下基础。三是暂时消失阶段，在这一阶段，运动员的竞技状态特征会暂时消失，不同因素之间的联系也会出现紊乱的状态，表现为训练水平暂时性下降。在运动员的竞技训练过程中，竞技状态的形成—相对稳定—暂时消失的过程会不断重复，形成了竞技运动训练的周期性和循环性特征。

2. 生理学基础

从对竞技状态的三个阶段的分析中可以得知，只有经历了一定时间的科学训练之后竞技状态才会形成；在出现竞技状态暂时消失的情况后，必须通过对训练过程的适时调整才能使这种状态消失；在度过竞技状态消失这一阶段之后，必须再经过一定时间的训练才能形成更为良好的竞技状态。竞技状态的这种规律是由人体生物钟循环和人体机能能力提升的相关生理机制决定的。在运动员的训练过程中，负荷对机体产生了周期性刺激，因此机能能够产生超量恢复，并提升机体的能力。运动员的竞技状态也是在这种不断循环的周期中得到提升的。

### （三）贯彻周期安排训练原则的训练学要点

1. 科学划分训练过程的周期结构

要根据重大比赛的任务和运动项目的特点来考虑全年训练周期的划分。一般可以一年安排一个大周期（称单周期），也可以安排两个周期（称双周期），甚至可以安排多个周期（称多周期）。

另外，确定大周期时间长短的一个依据是必须考虑运动项目的特点。一般来讲，在初级训练阶段和专项提高阶段中，体能类耐力性项目，如田径的中长跑等项目大多安排全年单周期，速度力量型项目和多种技能类项目则多安排双周期。

目前，在高级训练阶段中，特别是优秀运动员的训练有向多周期安排发展的趋势（这主要是为了争取多次重大比赛机会并希望在竞赛中创造优异成绩）。但无论安排几个周期，总要安排一定的准备时间进行训练，才能参加比赛；比赛后，总要安排一定时间进行调整恢复。这是不可违背的客观规律。

2. 科学衔接训练过程的各个周期

任何训练周期的准备、竞赛、过渡时期的长短，都要根据具体情况进行规划。实践证明，不适宜地缩短准备期的训练，不恰当地参加一些非正式的比赛，会导致竞技状态不佳形成的不良后果，甚至会影响运动员日后成绩的提高。同样，也不能过多参加比赛，因为，比赛期运动员的比赛负荷很大。不适宜的延长比赛期，容易造成能量物质的过度消耗，形成厌赛心理状态，从而有损运动员的身心健康。

另外，在竞技运动训练中，也要重视每个周期的衔接，使得运动员平稳度过周期衔接期。在单元周期之间的间隙里，运动员和相关管理人员要针对上一周期中运动员的身体状况、技战术水平和表现水平、心理等因素进行深入分析，寻找其中的问题并将其解决，并从中总结经验教训，为下一周期做好准备工作。如果有条件，也要对上一周期的总体训练成果和比赛成绩进行科学测评，为下一周期的计划调整、改进和实施提供依据，以使各周期的工作能够有机衔接。

3. 科学落实各小周期训练的任务

科学安排、实施小周期训练工作是落实大周期训练任务的关键。应该说大周期的训练任务是各个中、小周期训练任务的高度集合。因此，完成大周期的训练任务，实际上是经过不断完成小周期任务而累积落实的。在实践中，小周期（又称周周期）的时间段多为单元周。单元周的训练结构，是由周内循环链数，训练课数，休息日数（时数），训练负荷安排的节奏，各次课的任务、内容、方法、手段及作息制度等因素所构成。由于小周期训练最接近课次训练工作，并具有灵活的调节性，因此，小周期训练任务完成得优劣与否，是完成大周期训练任务的关键。

## 二、竞技运动训练的适宜负荷训练原则

### （一）适宜负荷训练原则释义

所谓适宜负荷训练原则，是从提高运动员技能水平为出发点，以运动员的潜能和人体运动训练的适应规律等为基础，通过调整训练中的负荷量，使其达到适宜程度，进而使得训练效果趋于理想状态的原则。

运动员在训练中承受一定的运动负荷量后就必然产生相对应的训练效应。但是，如果负荷过大或者过小就无法产生良好的训练效应。因此，在训练中要合理安排训练负荷。在训练实践中，对运动负荷的合理安排体现在根据训练任务、训练对象的水平等因素，以人体的机能适应规律为指导，逐步对运动员加大训练负荷量，直到达到其最大负荷量。也就是在训练过程中要遵循“加大适应—再加大—再适应”的规律，逐步调整运动员的训练负荷。这也是现代竞技运动训练最为主要的发展趋势之一。在训练中运动员的负荷增长和最大负荷量一定要根据运动员的生理水平来规定，这样人体的适应技能才能逐渐将身体的运动素质增强到相应的水平。因此，盲目加大负荷量的方法不可取。

### （二）适宜负荷训练原则的科学基础

1. 超量恢复机制

在训练过程中，运动员的身体在经受了一定量的有效运动负荷之后，就会进行一个疲劳—恢复—超量恢复的过程，身体的能量也会随着这个变化过程呈现出相应的特点。在人体的生理承受范围之内，身体接受的运动负荷的刺激越大，机体所消耗的能量也就越多，身体产生的疲劳也就越强。停止运动之后，运动员需要科学合理地采用适当的方式进行休息，也只有这样，运动员的身体素质才能快速恢复，并获得较高的超量恢复水平，否则，运动员的身体素质就会受到伤害。在科学的超量恢复机制基础上，运动员在训练和比赛中表现出的运动能力才能越强。

2. 生物适应机制

在运动员的生理承受极限范围之内，有机体在承受负荷的过程中，能产生一

定的适应性反应。也就是在生理承受范围内，有机体在获得更大的负荷后，会逐渐适应这一负荷并产生“机能节省”的现象。在一段时间内，如果负荷没有变化，那么有机体的机能水平也不会产生变化。因此在训练过程中，只有科学地不断加大负荷量，让运动员的身体承受更大的负荷刺激，从而获得新的适应状态，才能使运动员的运动技能水平不断提高。此外也要注意，如果在没有对运动员的身体承受能力进行科学分析的情况下，盲目增加负荷量，或者负荷增加的速度过快等，都有可能超出运动员的身体承受范围，这样既不能获得预期的训练效果，还会对运动员的身体产生伤害。

### （三）贯彻适宜负荷训练原则的训练学要点

#### 1. 科学认识负荷刺激的生理临界

在制订训练计划时，教练员等人员要对运动员的身体状况进行实时的了解，并以此作为依据安排训练负荷量。对于不同的运动员，相同的运动量所产生的刺激是不同的，人体之间的差异和人体所能承受的负荷限度等决定了相同运动量对其产生的刺激的大小，因此运动负荷的大小是相对的。在运动训练过程中，教练员等相关管理者只有对每一位运动员的身体素质和运动负荷承受限度进行合理的了解和分析，才能制订出科学的训练计划。在训练过程中教练员也要及时掌握运动员的身体负荷承受限度的变化及变化特征，并据此对训练进行合理地调整才能让训练的效果得到提升。在训练实践当中，对运动员训练的生理界限的变化可以通过一系列的指标进行测定，如运动员安静脉搏的变化曲线、运动员的最大负荷能力和恢复能力，运动员的体重变化曲线和情绪变化特征，以及对运动员的生化指标进行分析等。

#### 2. 科学处理好负荷与恢复的关系

在竞技运动训练中，最为基础的要求是对运动员的负荷和恢复进行准确的了解，科学处理两者之间的关系，并据此安排运动负荷。一般来讲，处理两者的关系多从训练方案的设计、实施和分析负荷性质的角度入手。此内容将在后面有关章节加以论述，这里阐述的是不同训练课之间安排的类型及负荷与恢复的效应结果，以供训练参考。

通常，在实践中反映负荷与恢复关系的类型有以下四种：

训练课之间的间隔时间过长，其训练结果只能使有机体能力保持在原有的水平上（图 3–2–1）。

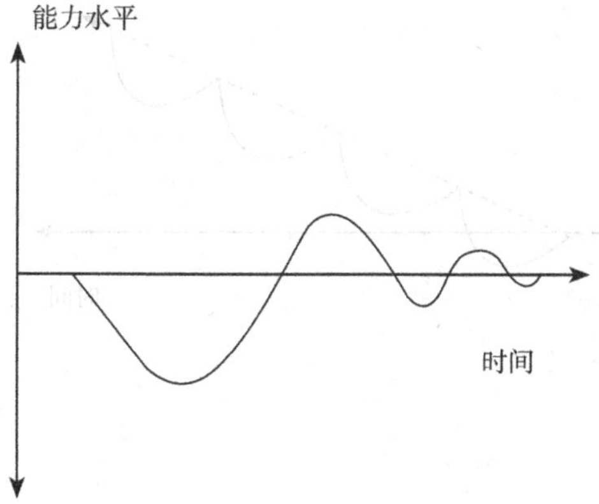


**图 3–2–1　训练课之间的间隔时间与训练结果的关系**

一段时间内，训练课之间间歇时间过短，其训练结果是使机体机能水平呈下降趋势，严重的可导致过度疲劳的产生（图 3–2–2）。

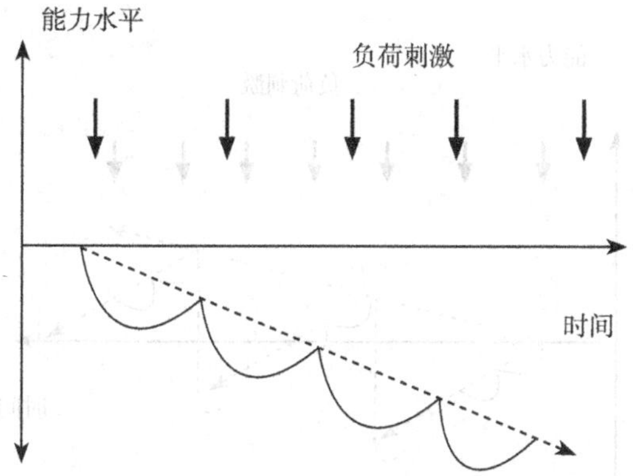


**图 3–2–2　训练课之间间歇时间与机体机能水平的关系**

训练课之间安排适宜，后次课是机体正好出现“超量恢复”后进行的。其结果可逐步促使机能能力提高（图 3–2–3）。

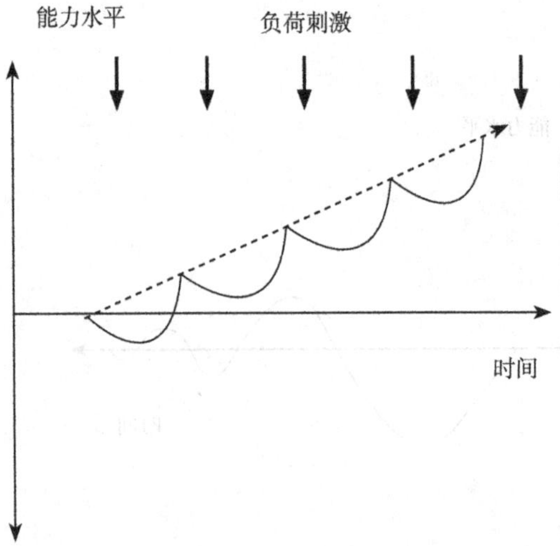


图 3-2-3　训练课之间安排时间与机能能力的关系

训练课之间是通过若干间隔时间段的课次之后，又通过较长时间的间歇方式安排的。其目的是使运动员机体产生疲劳并有所积累后，通过适宜恢复期，使有机体的能量物质得以超量恢复，从而获取较高的训练效益（图 3-2-4）。

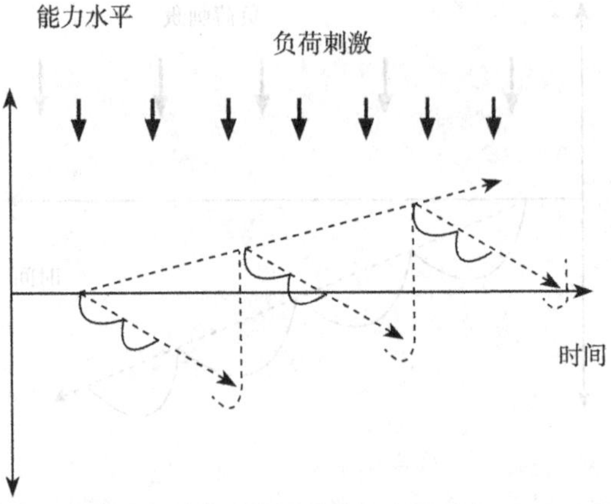


图 3-2-4　训练课之间恢复时间与集体能力水平的关系

在实践中，努力形成的训练课次的类型，是处理好负荷与恢复关系的首要条件。总之，处理负荷与恢复的关系是一项十分重要而复杂的问题。它需要科学的理论与训练的艺术作为解决这一问题的先决条件。

3. 科学阶段性递增运动负荷

根据适宜负荷训练原则，运动员在训练过程中，负荷的增长必须是阶段性递增的，否则就无法起到提高运动机能进而提高运动成绩的作用。在训练实践当中，运动负荷阶段性递增的方式有以下几种：

（1）波浪型

波浪型指的是按照一定的节奏规律安排运动员的训练负荷计划，在训练计划中通常按照上升—保持—下降—再上升这样的规律制订计划。在波浪型负荷递增运动计划中，运动员的负荷总量随着时间的变化呈现出波浪型变化趋势，但是负荷的高点和低点之间的差距并不大，这种类型的训练计划比较普遍，可以用在训练中的任何阶段。

（2）阶梯型

在阶梯型负荷递增运动计划中，运动员训练负荷的变化幅度较大，高点和低点之间的差距也比较大，但是与波浪型的区别不大，其特征仍然与波浪型接近。阶梯型负荷递增运动计划一般运用于阶段性周期训练中，尤其在进入准备期的第二阶段或者竞赛前的训练阶段中更为适用。

（3）跳跃型

跳跃型负荷递增运动计划常在针对高级运动员的训练过程中使用，是一种十分有效的负荷递增安排计划。跳跃型负荷递增运动计划能够让运动员突破机体平衡状态，使机体的物质能量消耗在一定时间内逼近生理界限，从而产生更大的超量恢复。因此，跳跃型负荷递增运动训练计划常在准备期的后期和竞赛期的前期使用，它的功能在于让运动员的身体机能得到强化。

（4）综合型

综合型负荷安排是现代竞技运动训练中常用的一种形式，它往往是把以上几种类型结合起来运用。在实践中，教练员往往通过组合不同的若干形式，来安排或调整运动负荷，以便于负荷安排适合不同阶段的需要。综合型是负荷安排的典型方式。

以上几种类型是竞技运动训练中广泛采用的负荷安排形式。实践证明，在正确处理好负荷与恢复关系的前提下，无论采用何种类型的负荷安排形式，对于提高运动成绩均有效。

4. 科学处理负荷量与强度的关系

决定运动负荷的因素有两种，一是负荷量，二是负荷强度。对运动员训练过程中的负荷量与负荷强度进行科学安排是使运动负荷科学合理的关键之一。运动负荷的两种因素的组合方式有很多种，因此，运动负荷的表现形式也就各不相同。在此仅从宏观角度叙述如何在实践中对运动负荷的强度与量度进行处理。从时间顺序的角度进行分析，负荷量与负荷强度有 9 种不同的组合方式，运动负荷也随着负荷量和负荷强度的变化而产生相应的变化（图 3-2-5）。

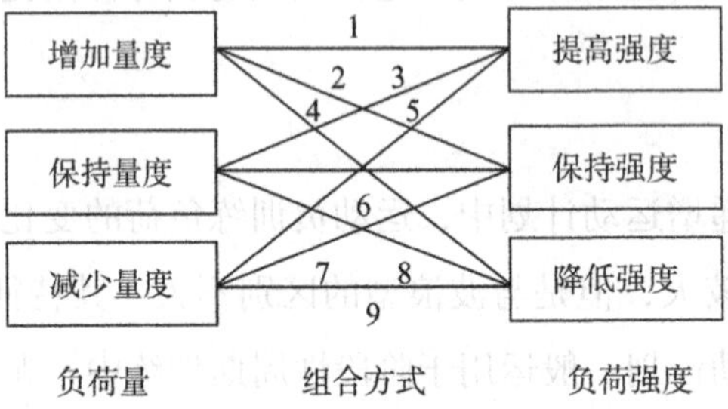


**图 3-2-5　影响负荷变化的组合方式**

但是，这 9 种变化形式不是随意运用在训练过程中的各个周期和阶段，而是需要针对不同类型的周期，及不同训练水平、对象的具体情况而决定的。负荷强度与负荷量的变化是有一定规律的。一般来讲，训练周期（准备期）是以逐渐增加负荷量为主，逐步过渡到以增加负荷强度为主；而赛期前段则以提高强度为主，保持量或略降量为辅；转入调整周期（休整期）时，两者均处于最小量。

5. 科学根据项目的性质安排负荷

不同的项群对运动员的身体机能特点的要求不同，因此在运动训练实践中，教练员要根据项群和项目的不同对运动负荷进行科学安排。一般来讲，速度力量性项目需要保持较大的负荷强度，但不宜安排较多的负荷量；耐力性项目需要安排较多的负荷量，但是负荷强度不宜大；对抗性项目的训练中，负荷量相对较多，强度也较大。总之，教练员在安排运动员的训练负荷量时，一定要考虑不同项目的特征，并据此作出合理安排。

## 第三节　适时恢复训练与区别对待训练原则

### 一、竞技运动训练的适时恢复训练原则

#### （一）适时恢复训练原则释义

适时恢复训练原则要求在训练实践中，教练员要掌握负荷的不同性质以及疲劳产生和恢复的机制，采用合理有效的方法让运动员延缓疲劳产生，并在疲劳产生后及时消除，从而提高身体机能。因此在训练过程中，当运动员的疲劳达到一定程度时，教练员应根据训练计划，通过恰当的恢复措施和恢复性训练让运动员的身体机能得到恢复和提升。

#### （二）适时恢复训练原则的科学基础

1. 超量恢复机制

在竞技运动训练中，恢复是指人体在承受一定的训练负荷之后，身体机能能力和能量储备从暂时下降的状态逐渐恢复到承受负荷之前的状态的过程。在这一过程中，能量物质的补充在一定时间内会超过身体的原有水平，这种现象被称作超量恢复。在人体承受范围内，运动负荷越大，人体的消耗越剧烈，所需的恢复时间就越长，产生的超量恢复也就越多。超量恢复的原理使得运动员通过一定的竞技运动训练提升自身的竞技能力成为可能。因此，竞技运动训练中对恢复的要求也不只是恢复到运动员身体的原有水平，而是得到足够大的超量恢复。

2. 疲劳消除规律

人体疲劳的产生和消除都有一定的规律，在竞技运动训练实践中较为常用的规律有以下几个：其一是负荷训练与恢复训练统一的规律，可以解释为在运动训练过程中，负荷和恢复两个过程相互依存、相互影响、同步进行，且这一现象是客观存在的。其二是负荷刺激——疲劳产生的效应规律，可以将其解释为人体在

接受高强度的负荷或者长时间的负荷之后，必然会产生疲劳的症状。其三是机能下降与恢复的异时规律，可以解释为在运动员的负荷训练与恢复过程中，身体机能下降与提高的过程均表现出异时变化的特征。其四是负荷性质恢复方法的对应规律，可以解释为运动员训练实践中，负荷性质与恢复的方法之间存在相互对应的关系。以上四种规律在竞技运动训练过程中能起到很大的指导作用，合理运用这些规律能使运动员在训练过程中延缓疲劳的产生，强化身体的恢复能力，消除身体的疲劳状态。

### （三）贯彻适时恢复训练原则的训练学要点

1. 科学树立负荷与恢复统一观念

教练员在竞技运动训练计划与指导过程中，应当时刻将负荷训练与恢复训练统一的规律运用到实践当中，科学树立起负荷与恢复统一的观念。这一规律的重点在于负荷训练与恢复训练的过程不只是相继进行的，也是同步进行的。因此，教练员在训练过程中应注意以下几点：一是要对负荷阶段的负荷量、负荷强度、负荷时间和方式等方面进行设计和规划；二是要对负荷后恢复训练的措施、方法进行筛选，并对其效果进行预计。对于竞技运动训练而言，以上因素是同等重要的。在对运动员的身体技能进行提升的负荷训练中，要适时穿插恢复训练，保证训练过程的科学性和有效性。

2. 科学判别不同性质的疲劳特征

必须掌握不同负荷性质引发的疲劳特征。应该深刻认识由此引发的一系列生理障碍和特征。依负荷性质的不同而产生不同机制的疲劳通常为：速度性质的负荷刺激导致机体因 CP 消耗过多，神经细胞缺氧而产生疲劳；力量性质的负荷刺激导致机体因蛋白质消耗，CP 恢复不足而产生疲劳；乳酸能耐力性质的负荷刺激导致机体代谢产物堆积，血液酸度过高而产生疲劳；有氧耐力性质的负荷刺激导致机体因肌糖原消耗，能源补充不足而产生疲劳；负荷性质单一性的负荷刺激导致神经系统的兴奋性降低，抑制发展而产生疲劳。从疲劳发生的先后顺序特点看，我们应注意在负荷训练中采用多种变换的方法延缓神经疲劳的发生；而在恢复训练时，则应首先使神经疲劳得以解除，然后采取措施来消除肌肉疲劳；从导致疲劳的生理机制上看，我们应根据训练负荷的性质，有针对性地消除产生疲劳的内环境障碍，补充体内最缺乏的物质，以满足能源的直接需求。

3. 科学识别不同强度的疲劳特征

必须掌握不同负荷强度引发的疲劳特征。应该深刻认识由此引发的一系列生理障碍和特征。依据负荷刺激的强度不同，产生疲劳的特征通常为：强度中小，持续时间长的负荷刺激下，易出现轻度疲劳，其症状是疲倦、心率加快；一次极限强度负荷刺激下，易出现急性疲劳，其症状是面色苍白、心率过速，白血球总量增多，出现尿蛋白；出现急性疲劳后，凭意志继续进行负荷训练或连续进行大强度负荷训练，易出现过度疲劳，其症状是情绪低落、厌烦训练、食欲不佳、体重下降、动作不协调和运动水平下降。因此，从不同负荷强度引发的疲劳特征上看，要特别防止因过度训练而导致的过度疲劳。一旦出现，要采取对策予以消除。从消除体内代谢物质的角度看，应采取措施使体内的代谢物质尽快排出体外，以保证能源物质输送通道的畅通。

4. 科学安排消除不同疲劳的时间

必须掌握不同类型疲劳消除的时间范围。由于不同能源物质的消耗—恢复—超量恢复具有异时的特性，加之因负荷性质、负荷强度、负荷量的差异性，就会导致机能的下降—恢复—提高过程具有异时的特征。如速度、力量性质的负荷训练后，恢复时间最短；速度耐力（无氧耐力）训练后，恢复时间较长。另外，最大负荷训练后，恢复时间最长；较大负荷训练后，恢复时间减半；中等负荷训练后，则需 10 小时左右恢复。因此，实践中应根据机能恢复的异时规律，安排适宜的恢复时间和方法手段，既要避免恢复不足，也要避免恢复过剩。负荷安排接近极限时，必须安排较长的恢复时间，使机体有充分的时间恢复工作能力。在负荷强度为中等或中等以下时（负荷量中等），则不必安排过长的恢复时间，否则会失去恢复训练的意义。

5. 科学运用消除不同疲劳的方法

正如上文所述，在竞技运动训练中，负荷性质与恢复方法之间具有对应的关系，只有对这种关系有清晰正确的认知，并且正确处理训练实践中的这种关系，才能使恢复训练取得更好的效果。例如，有氧耐力训练会让人体失去大量的盐分，从而导致机体工作能力下降，因此，在训练的休息阶段或者训练完成后，可以为运动员提供补充盐分的饮料，并让他们进行盐水浴，以此补充失去的盐分，使机体恢复内环境平衡状态。在无氧乳酸能耐力训练过程中，机体会因为氧气的缺乏和乳酸的堆积而产生机能下降现象，因此在训练完成后，运动员可以通过深呼吸和慢跑等方式进行恢复，从而让身体摄取足够的氧气，让机体逐渐恢复。此外，目前的竞技运动训练中，常用的恢复方法可以分为四种，分别是生物学恢复手段、营养学恢复手段、训练学恢复手段、医学恢复手段，具体的应用方法包含水浴、含氧浴、氮水浴、珍珠浴、盐浴、按摩、电催眠等。教练员也要对现代竞技运动训练中常用的各种恢复手段进行深入了解和研究，并科学合理地应用这些恢复手段。

## 二、竞技运动训练的区别对待训练原则

### （一）区别对待训练原则释义

每位运动员的身体机能特征都不同，教练员要根据每位运动员的不同特征进行针对性的训练设计，并科学设置运动负荷，如训练任务、训练方法和训练手段都应当因人而异。这就是区别对待的训练原则。

常见的用于训练计划设计参考的人体特征，包括年龄、性别、身体形态特征、运动素质、身体机能水平、负荷刺激的承受能力、心理承受能力、技战术了解和运用能力等。

### （二）区别对待训练原则的科学基础

#### 1. 遗传理论基础

区别对待训练原则的基础是，项目对人体机能要求的不同和运动员的遗传特征的不同。科学研究发现，速度性项目在能量代谢方面主要以磷酸盐代谢为主，次要的是糖的无氧代谢，对运动员身体素质的要求是神经过程的灵活性要高、转换速度要快，身体中的白肌纤维比例要高；力量性项目中，能量代谢主要的方式是磷酸盐代谢，要求运动员的骨骼强度要大，神经过程的强度要大，身体白肌纤维比例要有优势；耐力性项目中，能量代谢的形式不是固定的，机体的神经过程要稳定、心肺功能要好，运动员身体的红肌纤维比例要大；准确性项目中，要求

运动员维持身体动作稳定，运动员的身体要有较高的灵活性，具有坚毅、冷静的心理品质；表现性项群的身体形态和心理素质的要求更高；隔网性项群的主要素质是灵敏性素质，能量代谢特点主要以磷酸盐代谢形式为主，情绪稳定、注意力集中，具有思维力强、位感灵敏的心理品质；同场性项群要求体型粗壮高大，骨骼肌肉结实有力，速度和灵敏素质要好，具有性情勇猛、球感敏锐的心理品质；格斗性项群要求骨骼强壮，爆发力、速度和灵敏素质好，具有性情勇敢、斗志顽强、反应迅速的心理品质。因此，教练员要逐个分析各个运动员的身体特征，并结合项目对身体素质和身体机能的要求，作出区别性的训练计划。

2. 项群理论基础

项群是指将不同的运动项目依据竞技能力的主导因素进行分类所形成的项目群体。竞技运动项目可以分为两类大项群：体能类和技能类。第一，体能类项目在基本特征方面有十分明显的同异性。在体能类项目中，体能的发展决定了项群的运动成绩，但是在不同的项目之间，运动形式和素质、心理品质、生理机能，以及代谢类型等方面上仍呈现出较大的差异。体能类项群的统一特征和不同体能类项目的特点决定了教练员如何进行区别对待训练计划。因此，教练员要对此进行深刻的了解和分析。第二，技能类项目中的区别对待训练则比较复杂，不同的子项群运动间具有较为明显的差异。技能类表现类项群中，难美性项群对运动员的体型和身体素质的要求比较高，而准确性项群对运动员的心理素质要求比较高。在技能类对抗性项群中，运动员需要有良好的技术和战术水平，但是这两者又建立在运动员的良好的身体素质和生理机能，以及较高的运动智力的基础上，部分项目对运动员的体型特征也有要求。由此可见，在技能类对抗性项目中，运动员的体型、身体机能、身体素质、心理和智力水平等会对成绩产生十分明显的影响。因此，在这一类项群的训练中运动员需要接受更多种类的训练，训练的难度也会增加。综上所述，教练员必须针对不同的运动项目的基本特点，制订区别性的训练计划。

### （三）贯彻区别对待训练原则的训练学要点

1. 科学认识个体差异的基本特点

教练员要对运动员进行深入的了解和分析。运动员之间存在较为明显的差异，表现为其思想、身体健康、个体特征、训练水平等方面的不同，运动员的学习状况、工作和日常生活等方面的差异也十分明显。对此教练员要收集相关的数据并进行具体分析，了解运动员的特征，并据此采取区别对待的措施。根据这一点，教练员应当在选择人才的阶段就注意了解运动员的各项特征，建立相关的资料档案，便于对运动员的各项特征进行详细了解和分析。

2. 科学认识不同项目的基本特点

教练员要根据运动员的身体特征进行训练方案的制定，这对于区别对待训练而言十分重要。教练员不仅要在宏观层面针对队伍的整体情况设计运动训练计划，还要对每一位运动员设置运动训练目标和训练方式，提高其运动相关能力，否则就无法保证训练的科学性，也无法达到已定的训练目标。

3. 科学处理不同水平队员的关系

队员间是否团结也是运动项目能否取得优秀成绩的主要因素。因此，教练员在训练过程中，要重视重点队员和非重点队员间的关系处理。在训练过程中，虽然不同队员有不同的训练方向和方法，但是教练员对不同的队员要一视同仁，不偏不倚，否则将对训练造成负面影响。教练员也要重视言传身教，在训练和日常生活中注意自己的言行，以身作则，做到让队员信服，建立起权威的形象，这样才能通过积极正面的形象影响运动员，激励运动员在训练中主动进取，使运动员具有极强的凝聚力。

# 第四章　竞技运动训练的处方与监督

本章主要介绍竞技运动训练的处方与监督，主要从四个方面进行了阐述，分别是竞技运动训练的营养处方、竞技运动训练的运动处方、竞技运动训练的医务监督、竞技运动训练的自我监督。

## 第一节　竞技运动训练的营养处方

营养是人体获取和利用食物中的养料以维持生命活动的综合过程，是保证人体正常生长和发育的重要因素。营养与运动的有机结合才能让运动员的身体素质全面增长，并提高运动员的健康水平。

### 一、合理营养概述

#### （一）合理营养的概念与基本要求

1. 合理营养的概念

营养对人体生长和发育的影响十分重大，保证日常营养的合理搭配不仅能使人的体质增强，提高人的健康水平，还能提高人的工作效率。合理营养就是为人体提供既符合卫生要求又能提供均衡营养的膳食，使人体获得的营养能够维持人体生理、日常生活、劳动和其他活动的需求。

2. 合理营养的基本要求

合理营养主要是通过提供平衡膳食来实现的，其基本要求包括以下几个方面：

第一，供给人体所需要的热能和营养素。

第二，膳食要具有良好的感官形状，色、香、味俱全，能够引起食用者的食欲。

第三，食物要易于消化吸收和有一定的饱腹感。

第四，具有合理的膳食制度和良好的进食环境。

第五，有严格的食品卫生制度和良好的饮食习惯，提供的食品应无毒无害。

### （二）运动营养与自由基

近年来，随着生物医学关于自由基理论的发展，推动了人们从自由基方面来认识和研究与运动相关的医学问题。从以往研究中可以得知，人体内自由基的反应会根据运动的不同和营养供给的不同而产生变化，适度的锻炼能够锻炼人体的自由基清除系统，合理的营养供给能为人体提供营养型抗氧化剂，从而使人体的自由基清除能力增强，使机体不受自由基的破坏，最终达到增强身体素质，提高运动能力的效果。

#### 1. 自由基及其作用

自由基是指在外层轨道上含有一个或一个以上未配对电子的原子、分子、离子或基团。含有不配对的氧的自由基被称作氧自由基。在人体内有几种重要的氧自由基：羟自由基、质子化超氧阴离子自由基、超氧阴离子自由基、脂氧自由基等。氧自由基和它的衍生物质被称作活性氧。

自由基在人体内十分活跃，它能够攻击人体内任何的细胞成分。在它的攻击下，许多生物大分子会产生损伤，从而产生超氧化反应，并在人体内产生次生自由基和毒性产物，这些物质都会对人体产生损害。

正常情况下，人体内部会不断生产自由基，同时，也会不断通过酶类和非酶物质的作用清除自由基，达到平衡状态。如果人体氧自由基平衡系统被破坏，人体组织就会产生损伤。

#### 2. 运动与自由基

大量的实践已表明，急性剧烈的运动可导致肌体自由基产生增多，同时，由于酸性代谢产物的增加，抑制了清除自由基酶的活性，使肌体清除自由基的能力下降，造成氧自由基在体内集聚过多，脂质过氧化反应增强，使组织损伤。

通过有氧运动训练，人身体内部的自由基和脂质过氧化物的含量均能下降，从而减轻自由基对人体组织的损害。有氧运动训练不能让人体完全不产生自由基，但是能够提高人体的抗氧化能力，从而让肌体清除自由基的能力增强。此外，通过一定量的竞技运动训练，人体在安静状态下所产生的自由基量也会减少，运动状态下自由基产生的峰值也会降低。

3. 营养与自由基

营养与自由基在生物学方面有着极为密切的联系，在清除因运动而产生的大量自由基过程中起着重要的作用，或参与抗氧化酶的构成，或作为还原剂直接清除自由基。人体自身不能合成很多具有保护作用的抗氧化剂，而必须从体外摄入某些抗氧化剂或一些营养素构成抗氧化剂。一般来说，维生素本身直接清除自由基或在清除自由基的反应体系中提供氢原子，而微量元素则是通过参与抗氧化酶的构成发挥抗自由基的作用。因此，营养合理的平衡膳食对肌体保持良好的抗氧化能力十分重要。

总之，提高肌体的抗氧化能力是预防氧自由基损伤的关键。一是通过有氧耐力训练能使体内抗氧化酶活性增加，以消除体内产生的过量自由基；二是合理补充外源性的抗氧化剂，主要来自膳食中的抗氧化营养素，膳食以外补充抗氧化营养素必须注意营养素之间的平衡。

## 二、运动与营养素

营养素是人体内必需的物质，它能被人体消化和吸收、为人体供给热量，也是构成肌体组织的成分，还能调节生理机能，为肌体的物质代谢供给物质和能量。营养素包括脂肪、蛋白质、水、糖类等物质。

### （一）运动与水和电解质

1. 水的生理功能

水是人体最重要的组成成分，是仅次于氧的维持生命的必需营养物质。若人体内水分丧失达到 20%，生命是无法维持的。肌体内的一切生物化学变化都必须有水的参与，水占成人体重的 60% 左右。水在人体内的主要生理功能有以下几个方面：第一，水是肌体的主要构成成分；第二，水能参与人体的所有物质代谢，且负责肌体的物质运输任务；第三，水能调节人体的温度，保证人体的各个腺体正常分泌。

2. 水的来源与需要量

人体在正常情况下，每天经皮肤、呼吸道，以及以尿和粪便的形式排出体外的水和摄入体内的水必须保持基本相等，处于动态平衡中，这称为“水平衡”。其中体内水的排泄途径以肾的排出最为重要。体内水的来源主要有三个方面：一是三大能源物质在体内代谢过程中产生的代谢水，二是食物水，三是饮料水。其中饮料水是体内水的主要来源。

3. 人体运动时水的作用及运动补液

水在人体内有十分重要的作用，除了养分和代谢废物的运输、组成细胞液、润滑等作用之外，还有一项重要作用，就是调节运动时人体的体温，保持人体热平衡。在运动过程中，人体内部会产生大量热量，当环境温度与人体温度相近时，人体的主要散热形式是出汗。在运动过程中，出汗量与运动的强度相关，运动强度越大，人体出汗量就越多，但是出汗量也受运动的时长、周围环境温度、热辐射强度，以及湿度等因素的影响。在进行了较大强度的运动之后，如果不能及时补充液体，人体就可能脱水或者产生体内环境失衡的现象，危害到人的运动能力。

一般来说，口渴感是肌体确定其是否出现脱水最早的和有效的主观指标，但必须注意口渴不能作为开始补水的标志。因为当人感到口渴时，其脱水量已经达到体重的 2%～3%，此时补液，需要 48 小时才能补充上体液的丢失量。渴的感觉仅是一种防止严重脱水的自我保护机制，可以作为确定轻度脱水并防止中度和重度脱水的一种自我指标，不能用来作为补液的指征。

在运动过程中，人体对水分的需求量是由运动量和出汗量共同决定的。只通过是否感觉到口渴来决定饮水量是不科学的，比较科学的指标是人在运动过程中的出汗量，一般而言，运动过程中人体需要补充的水量要达到出汗量的 80%～90%。测量出汗量的方法是测量运动前后人体的体重变化差距。水分摄取最重要的目的是保持人体的水平衡，运动员在补充水分时，要遵循少量多次的原则。人在运动后大量出汗的状态下，急需补充水分，因此所引用的饮料需要迅速进入血液当中。以运动时长为依据分析，运动时间不超过 1 小时的情况下饮用纯水即可，超过 1 小时的情况下则需饮用含有电解质和糖分的饮料。

4. 电解质的生理功能

在肌体内部，电解质有很重要的作用，人体内常见的电解质包括钾、钠、镁、钙等，它们能够维持细胞内外的各种平衡，维持神经肌肉的兴奋性。在运动过程中，人体内的电解质代谢加强。不同强度的运动对血浆中电解质的浓度所产生的影响也不同，运动过程中，血清中钾的浓度会升高，这种情况会延续到运动结束，运动结束之后，血清内钾的浓度会逐渐降低，直至恢复到安静状态。长时间运动之后，血清中钾和钠的浓度会明显降低，甚至低于安静状态下的浓度，由此可见，剧烈运动之后，体内的电解质会产生消耗。

**（二）运动与维生素**

1. 维生素的生理功能

维生素能够维持人体生命，调节人体的生理机能，它是人体内不可或缺的物质。在人体中，维持正常的生理机能所需的维生素很少，由于人体储存维生素的能力较低，因此，需要在日常饮食中不断补充维生素。

维生素的种类丰富，从性质的角度可以将其分为脂溶性和水溶性两类。脂溶性维生素有四种，分别是维生素 A、维生素 D、维生素 E 和维生素 K。水溶性维生素包含维生素 $B_2$ 和维生素 C 等。不同的维生素在人体内的作用不同，它们既不参与组织的构成，也不为机体提供能量。维生素的作用大致可以归结为调节物质和能量的代谢，以及保证身体的生理机能。

（1）维生素 A

维生素 A 对人体视力有较好的保护作用，能够维持上皮组织结构的完整。缺乏维生素 A 的人会产生视觉下降、暗适应能力下降的问题，严重则会导致夜盲症。人体所需的维生素 A 能够从动物肝脏、乳类食物、胡萝卜和菠菜等黄绿色蔬菜中获取。

（2）维生素 D

对于人体而言，维生素 D 的主要作用是促进钙吸收，从而促进骨骼的钙化、保证牙齿的正常发育，维生素 D 能够促进肌体的钙磷代谢以及骨骼的生长发育。缺乏维生素 D 会导致人体吸收钙的能力下降，严重则导致骨骼脱钙，进而产生骨

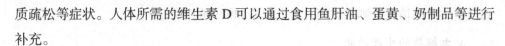

质疏松等症状。人体所需的维生素 D 可以通过食用鱼肝油、蛋黄、奶制品等进行补充。

（3）维生素 E

维生素 E 对于人体而言具有十分重要的作用，它不仅能让肌体的缺氧耐受力增长，减少组织细胞对氧的消耗量，还能改善体内循环、扩张血管，提高心脏功能，让人体的肌肉力量和有氧耐力增长。维生素 E 和维生素 C 同时使用能够预防动脉硬化、缓解动脉硬化症状。人体所需的维生素 E 主要通过食用动物性食品获得，部分植物性食品如玉米、小麦胚芽和绿叶蔬菜中也含有较多的维生素 E。

（4）维生素 $B_1$

维生素 $B_1$ 主要在人体的糖代谢中产生作用，它能够促进人体肝糖原和肌糖原的生成，也能保护人体的神经系统的机能。人体所需的维生素 $B_1$ 大多从谷物杂粮类食物中获得，其中胚芽和外皮部分的维生素 $B_1$ 含量较多，经过精加工的谷物杂粮会丢失大部分维生素 $B_1$。

（5）维生素 C

在人体中，维生素 C 的主要作用在于加强体内的氧化还原过程，使 ATP 酶保持较高的活性，从而使肌体能得到更多的能力以维持身体运动，此外，维生素 C 还能提高身体的耐力、减缓疲劳，促进身体机能的迅速恢复。维生素 C 还对身体的造血机能有益，并参与人体的有毒物质分解和代谢，增强身体的抵抗力。人体所需的维生素 C 大多从蔬菜和水果等食物中获取。

2. 维生素与运动的关系

体育运动使维生素在体内的代谢过程加强，并使一些维生素的需要量增加。在热能营养充足和平衡膳食的情况下，一般不会发生维生素缺乏，但在大运动量训练或减体重期，热能营养不能满足需要时，或添加食物的营养密度不够时，应注意预防维生素的营养不良容易发生缺乏或不足的主要有维生素 B、维生素 $B_2$、维生素 A 和维生素 C，应注意进行定期监测和防治。

### （三）运动与蛋白质

1. 蛋白质的组成及生理功能

蛋白质是生命存在的主要形式，也是构成人体的重要生命活性物质。蛋白质的主要构成元素是碳、氮、氢、氧四种，部分特殊的蛋白质中含有硫、铁、碘、磷、铜等元素。这些元素主要存在于身体中结构较为简单的必需氨基酸和非必需氨基酸中，之后通过人体中的反应生成不同种类的蛋白质。能够组成蛋白质的氨基酸有 20 多种，人体内含有的蛋白质的种类在 10 万种以上。

蛋白质在人体内的生理功能十分丰富，主要可以归纳为以下几种：第一，蛋白质是构成人体组织的重要物质，能够促进人体的生长发育；第二，蛋白质是酶和激素的主要成分，能够调节人体内部的酸碱环境平衡，能参与人体所有的生理机能调节；第三，蛋白质对人体的免疫系统有积极作用，能增强肌体的免疫能力，蛋白质也能为身体供给热能。

人体缺乏蛋白质会产生十分严重的后果，一是人体的生长发育将受到影响，甚至产生贫血症状；二是人体的免疫能力将下降，内分泌系统紊乱、容易产生疲劳、伤口难以愈合。

2. 蛋白质的来源与需要量

人体所需的动物性蛋白质通常从膳食中的肉、蛋、奶中获得，而植物性蛋白质则主要从豆类食物中获得。其中动物性食物蛋白质营养价值较高，而植物性蛋白质由于缺少一些必需氨基酸，故营养价值较低。一般认为动物性和植物性蛋白质在食物中应各占 50%。蛋白质来源中最好 1/3 为优质蛋白，但蛋白质摄入过多会因食物消化动力增加热能需要，增加肝和肾排出附加的氮代谢物，蛋白质代谢产物为酸性，过多时会增加体液的酸度，引起疲劳，还将引起水的需要量增加和便秘等副作用。

3. 蛋白质与运动的关系

蛋白质与人体运动能力有密切关系，如肌肉收缩、各种生理机能的调节等。氨基酸氧化还可为运动提供一部分能量，一般情况下，氨基酸在运动中供能的比例相对较小，但在体内肌糖原储备耗竭时氨基酸供能可达 10%～15%，这取决于运动的类型、强度和时间。氨基酸主要通过丙氨酸—葡萄糖循环的代谢过程提供运动中的能量。

体育运动能影响人体内的蛋白质代谢。在耐力性运动过程中，人体的蛋白质分解量会大于合成量，因此肌体的氮排出量增加；在力量性运动过程中，人体活动肌群的蛋白质合成量多于分解量，因此会使得人体的肌肉增大，但无论是哪种活动，均使肌体对蛋白质的需要量增加。尽管蛋白质的摄入不足会影响竞技运动训练的效果，甚至影响肌体的健康，但蛋白质摄入过多也会对肌体的正常代谢产不良的作用。

### （四）运动与脂肪

#### 1. 脂肪的组成及生理功能

通常所说的膳食脂肪主要包括甘油三酯、胆固醇和磷脂等。食物中的脂肪包括固体的动物脂肪和液体的植物脂肪，其主要由一分子的甘油和三分子的脂肪酸组成，其组成元素除碳、氢、氧外，有时还有氮、硫、磷等。脂肪酸又可分为饱和脂肪酸和不饱和脂肪酸。正常人脂肪占体重的10%～20%，主要存在于皮下和脏器的周围。皮下脂肪受营养状况和肌体活动的影响而增减，变动较大，故称为可变脂。

脂肪在人体内有两个主要作用，分别是供能和储能。脂肪是人体内三大供能营养素之一，人体内过程的能量也将通过脂肪的形式进行储存。脂肪也是细胞膜的构成成分之一，一些重要的组织中也含有脂肪。脂肪还有保护内脏、保持体温的作用，同时也能促进人体对脂溶性维生素的吸收。食用脂肪能增加饱腹感，脂肪也能让食物增加香味。

#### 2. 脂肪的来源与需要量

膳食中脂肪的供给量受饮食习惯、经济条件和气候等影响，变动范围较大。一般以膳食的总热能的比例为标准。我国推荐的成年人每日摄入量为占总热能的20%～30%，不宜超过30%，在寒冷环境下可适当增加。

动物性脂肪的摄取来源主要是动物油、蛋黄、植物油等。植物脂肪的摄取来源主要是食用植物油、各种坚果和干果果仁等。需要注意的是，日常饮食中摄入的多余的能量也很容易转化为身体的脂肪，食用过多的动物性脂肪，其中的高饱和脂肪酸和胆固醇是冠心病的诱因之一。

#### 3. 脂肪与运动的关系

脂肪是肌体运动时的能量来源。作为能源物质，脂肪具有产热量高的特点，但必须在氧供应充足的情况下，脂肪酸才能氧化供能，因其耗氧较多。在氧不充分时，不仅不能完全氧化，而且其代谢的中间产物酮体的增加会对肌体产生不良的影响。因此，一般在运动强度小于最大摄氧量的55%的长时间运动时，脂肪才能作为主要的供能物质。

有氧运动训练能够加速人体中脂肪的转换和处理，进而降低血浆中低密度脂蛋白胆固醇和甘油三酯的含量，起到缓解动脉粥样硬化的作用。此外，在有氧运动训练过程中，身体内的脂肪酸能游离出来参与身体的供能，有氧运动训练配合合理的饮食控制，能使机体的热能消耗量大于吸收量，达到减肥的目的。

### （五）运动与糖

#### 1. 糖的组成及生理功能

糖由碳、氢、氧三种元素组成。绝大多数糖类中，氢和氧的比例与水一样，故糖类又称为碳水化合物。按其化学结构的不同，可分为单糖——包括葡萄糖、半乳糖、果糖，双糖——包括蔗糖、麦芽糖、乳糖，多糖——包括淀粉、肝糖原、肌糖原、纤维素与果胶。

膳食中的糖类主要是淀粉，经过消化后变成葡萄糖才能被吸收入血液。

糖类的主要生理作用有以下几个方面：

第一，供给热能，是人体最主要的能源物质，人体所需能量的60%是由糖类供应的。

第二，构成组织成分并参与其他物质代谢，调节脂类代谢，保护肝脏的功能。

第三，对中枢神经系统有特殊营养作用。

#### 2. 糖的来源与需要量

人体糖的供给量受生活水平、劳动性质和饮食习惯的影响，一般情况下，糖的供给应在总热能消耗的60%～70%之间。人的食物中，80%的米、面和谷物都属于糖类食物，因此，在日常饮食外不需要再额外摄入糖类。通过直接食用糖果、引用含糖饮料等方式也能获取糖，提高人体中肝糖原和肌糖原的储备量。人体摄入的多余的糖会转化为脂肪，肌体中通过蛋白质和脂肪的异生也能产生糖原，因此一般情况下，人体内不会缺乏糖。

#### 3. 糖与运动的关系

糖是人体的肌肉活动所需的能量的主要供给源，人体中主要的糖储备形式是糖原。在运动过程中，肌肉摄取的糖是安静时的20倍以上。糖在人体代谢中容易被氧化，且氧化过程比较完全，最终的代谢产物是二氧化碳和水，因此，不会增加人体内部的酸度。糖氧化功能所需的氧气量比脂肪功能要少，在消耗同等氧的条件下，糖所能供给的能量要多于脂肪。肌糖原的总量平均为350克，可提供1400千卡能量；肝糖原的总量为70～90克，可供给280～360千卡能量；血液中糖的总量为20克，供给能量为80千卡。人体内肝糖原的含量虽然不多，但是能起到调节血糖的重要作用。人体的运动强度、运动前的膳食结构、运动类型、人体的体力条件，以及运动环境等因素，都会对人体对糖的利用产生影响。当人体中的糖原耗尽时，就会出现低血糖现象。人体一旦产生低血糖现象，首先遭受影响的是大脑功能。脑细胞活动主要依靠糖来供能，一旦出现低血糖症状，中枢神经系统的兴奋性就会下降，从而使人产生反应迟钝、动作协调性下降、四肢无力等反应，严重者甚至会晕厥，导致运动不能继续。

## 三、营养处方的实施

营养处方为心脏康复五大处方之一，当今社会正在逐渐普及推广。膳食营养与人体生长发育和健康直接相关，关乎人的一生。规律合理的膳食可以提高机体免疫力，降低心血管疾病风险；而不健康的膳食方式可以增加罹患心血管病的风险，使机体长期处于不良状态。下面以普通居民为例，对营养处方进行阐述：

中国营养学会于2022年4月份发布了《中国居民膳食指南（2022）》，结合指南，营养处方应遵循以下原则：

### （一）食物多样，合理搭配

推荐平均每天摄入12种以上食物，每周25种以上。应包括谷薯类、蔬菜水果类、畜禽鱼蛋奶类、大豆坚果类等。由于精制米面中的膳食纤维、矿物质等营养素流失，不利于身体健康，故建议多食全谷类，天天吃蔬菜水果，适量吃坚果，以及吃各种各样的奶制品。

### （二）动静结合，健康体重

保持健康生活，不仅要管住嘴，还要迈开腿。应减少久坐时间，坚持天天进行身体活动。推荐每周至少进行5天中等强度运动，累计150分钟以上，每天活动最好达到6000步。

**（三）适量吃肉，首选鱼肉**

鱼、禽、蛋、瘦肉是优质蛋白质来源，但是也要注意摄入量，建议每人每日摄入120～200g。每周最好吃2次或300～500g鱼、300～350g蛋类、300—500g畜禽肉。优先选择鱼，少吃肥肉、烟熏和腌制肉。

**（四）少油少盐，控糖限酒**

我国居民人均每日盐摄入量大约9g，已经远远超出建议量，油和糖的摄入也是同样。每人每天应摄入不多于5g食盐，25～30g烹饪油，2g反式脂肪酸；每天摄入的添加糖不超过50g，不喝或少喝含糖饮料。成年人饮酒，一天酒精量不超过15g。儿童、孕妇、乳母和慢性病患者不应饮酒。

**（五）规律进食，足量饮水**

规律进食，合理安排一日三餐，不暴食、偏食、挑食，不过度节食。足量饮水，应选择白开水或茶水等，不能用饮料代替。低身体活动水平的成年女性每人每天饮水1500ml，成年男性每人每天饮水1700ml，根据天气、身体活动、自我感受等可适当增加饮水量。

与普通居民相比，竞技运动员更要注意膳食营养的搭配与健康，所以针对竞技运动员而言的营养处方，要以养生、绿色、对身体有益为导向，切不可贪图感官刺激，也就是所谓的“好吃”而不加节制地暴饮暴食，更要杜绝对各种垃圾食品和烟酒的接触，再加上规律化的营养摄入与正常休息、睡眠，这样才能保证竞技运动员在赛场上的良好状态。

## 第二节　竞技运动训练的运动处方

### 一、运动处方概述

**（一）运动处方的概念**

运动处方是指对从事体育锻炼的人（含病人），根据其医学检查资料，按健康、体力以及心血管功能状况，结合生活环境条件和运动爱好等个体特点，用处方的内容规定健身活动适当的运动种类、时间和频率，并指出运动中的注意事项，指导其有计划地经常性锻炼，达到健身或治病的目的的方法。

运动处方作为量化指导方案，是基于身体检测结果，并且结合锻炼者实际的身体需求和科学健身原则，为其提供量化方案的运动处方，它是通过科学、合理的方法，将锻炼效果与个体健康状况相结合制定出来的一种指导性方案。在面对从事体育锻炼的人或病人的时候，康复医师、体疗师和健身教练会严格根据医学检查资料，同时按照他们的体力、健康和心血管功能状况，制定个性化的运动方案，从而更加合理的指导他们有目的地、有计划地、科学地开展一系列健身活动。

### （二）运动处方的分类

1. 按锻炼的对象和作用划分

（1）治疗性运动处方

主要旨在通过治疗疾病和提升康复效果，最终实现治疗目标，大多数情况下用于治疗和康复某些疾病或者损伤，为医疗体育提供了更加精准地量化和个性化的服务。在此基础上，又可根据自己体质情况选择适合自身特点的运动量。举个例子，有一位身材中等偏胖的人，体重超过了 10 千克标准，他需要每天攀登山 1 小时，大约需要 16 周的时间才能将自己的体重降至规定的范围内，此处呈现的是一份具有治疗效果的运动方案。

（2）预防性运动处方

旨在提升身体素质、预防疾病、塑造健美体魄、提升健康水平，以达到健身防病的目的，虽然与体育锻炼有许多相似之处，但也存在着区别。例如，随着年龄的增长，人体的各项机能逐渐衰退，其中动脉硬化是一个显著的表现，为了预防这种情况的发生，运动处方中规定了中等强度的耐力跑，其以运动的方式尽可能地减少胆固醇与脂肪的积累，从而预防动脉硬化的发生，此处呈现的是一份针对预防性运动的处方。

2. 按锻炼的器官系统划分

根据器官系统的不同，我们可将运动处方分为不同的类型，如呼吸系统运动处方、运动系统运动处方等。

### （三）运动处方的基本格式

现如今，虽然缺乏统一的规定来规范运动处方的格式，但其必须具备全面性、准确性、简洁性和易懂性。在教学过程中，教师可根据自己对体育课程和学生实际情况的了解，制定适合于本校具体情况的运动处方，从而使学校能更有效地开展体育运动，提高教学质量。制定运动方案时，必须考虑多方面的因素，具体如下：

一般资料，临床诊断结果；临床检查和功能检查结果，运动试验和体力测验结果，运动的目的和要求，运动项目，运动强度，运动时间，运动频度，注意事项，医师或教练签名，复查日期，运动处方的制定时间。

## 二、运动处方的基本内容

### （一）运动项目

1. 运动项目选择的依据

在选择运动项目的时候，必须考虑运动者所追求的目标，这是至关重要的决策因素。通常应该综合考虑以下几个因素：康复或健身的首要目标在于促进身体的恢复和健康；经过临床和功能检查，得出了相应的诊断结果等。

2. 运动项目的类型

（1）耐力性（有氧）运动

在运动处方中，耐力性运动是最为基础和重要的运动方式。在确定一个具体项目时，不仅要注意其自身特点和技术要求，还应考虑它所具有的社会意义和影响因素等诸多问题。在康复和预防心血管、呼吸、代谢、内分泌等系统慢性疾病方面，治疗性运动处方和预防性运动处方均可发挥重要作用，从而更好地促进心肺、内分泌等系统的功能改善和提升。同时，耐力性运动也适用于各种不同体质类型和不同年龄人群开展针对性训练或锻炼。耐力性运动在健身和健美运动的处方中，是一种有效的运动方式，可以保持身体和心理的全面健康状态，并且也有助于实现和保持理想的体重。慢跑、滑冰等运动形式都属于有氧运动项目。

（2）力量性运动

在运动处方中，力量性运动是一种主要用于肌肉神经麻痹或关节功能障碍患者的运动方式，其目的在于快速恢复肢体活动功能和肌肉力量，不仅适用于运动员，也适合一般人。在康复过程中，通过有针对性地增强肌肉力量和调整肌力平衡，以改善躯干和肢体的形态与功能，从而达到矫正畸形和预防肌力平衡破坏所致慢性疾患的目的。

力量性的运动可以根据其特点分为多种类型，包括电刺激疗法、抗阻运动等。其中，抗阻运动是目前国际上较为流行的一种训练方式，它有等长练习、等动练习等多种训练方法。

（3）伸展运动及健身操

伸展运动和健身操是广泛应用于治疗、预防和健身等各类运动处方中的运动项目，主要功效在于缓解精神压力、消除疲劳、改善身材、预防和治疗高血压、神经衰弱等疾病。太极拳、五禽戏等，均为伸展运动和健身操的主要项目。

### （二）运动强度

健身运动者在进行健身运动过程中，安全性与健身的效果都会受到运动强度的直接影响。竞技运动训练的效果与安全这两个方面是矛盾的双方，二者是对立统一的关系。通常而言，健身效果是与运动强度呈正比的，即后者越大，前者越好。这是当运动强度在一定范围内时成立的。但是，如果体育锻炼者以过大的运动强度进行体育锻炼，就会对安全造成一定的影响与威胁。因此，体育锻炼者需要以自己的身体状况与运动能力为根据来对运动强度进行确定，保证体育锻炼中运动强度的适应性，这样不仅能够使安全得到保障，而且能够促进良好健身运动效果的获得。

1. 选择适宜的运动强度

有很多方法都能够对运动的强度做出判定，下面做简单阐述：

（1）通过最大吸氧量的百分比衡量

通常而言，身体处于健康状态的人的运动强度占最大吸氧量的60%～70%，如果是老年人或者患有疾病的人，其运动强度占最大吸氧量的40%～60%。

（2）通过无氧阈表示

运动强度通过无氧阈来表示具有如下优点：

第一，运动强度在达到无氧阈之前乳酸还没有在体内堆积，所以肌体不容易出现疲劳，能够将运动的时间进行适度的延长。

第二，呼吸不通畅或难以正常呼吸的情况不容易在运动中出现。

第三，不需要进行最大运动量就能够对运动中的氧代谢能力进行测定，具有客观性和安全性的特点。

第四，能够在结束运动一段时间后再对无氧阈进行测定，比较运动前后反映出的变化，以对运动效果作出判定。

（3）通过靶心率判定

通常，最大心率指的是达到最大运动强度时的心率。运动强度达到最大时，心脏已经将自身的功能发挥到了最大限度。靶心率指的是人体完成最大做功的60%～70%时的心率，运动适宜心率是靶心率的又一说法。研究表明，人体运动的心率控制在靶心率范围内时，运动健身的效果较好，而且能够使身体的安全得到有力的保障。特别对老年人的身体健康更有利。

（4）通过代谢当量表示

“梅脱”是代谢当量的值，人体处于静止状态时，1 梅脱相当于每千克体重在每分钟吸 3.5 毫升的氧量。通常可以通过梅脱值来对肌体的运动耐受能力进行判断。代谢当量的梅脱值能够通过运动负荷试验中所测得的最大吸氧量进行折算，人体的最大运动能力能够通过代谢当量的梅脱值反映出来。倘若一个从事体育锻炼的人最高代谢当量值（最大运动能力）小于 5 梅脱，就表明他的运动耐受能力处于很低的水平；如果最高代谢当量值等于 5 梅脱，那么他在日常生活中所进行的活动会受到一定的限制；如果最高代谢当量值等于 10 梅脱，就说明其身体较为健康；如果最高代谢当量值等于 13 梅脱，身体健康水平高；如果最高代谢当量值等于 18 梅脱，就是有氧运动水平；如果最高代谢当量值等于 22 梅脱，其身体水平与优秀的运动员相当。

人体的心功能及其能够进行的运动水平，也能够通过最高代谢当量进行评价。运动强度同时也可以用代谢当量的梅脱值表示，并以梅脱值为依据对运动处方进行制定。因为人体处于运动阶段时难以对心率进行准确测量，而且一些体育锻炼者事先服用了心血管药物，所以，心率测试结果难以对运动的情况进行直接反映，这时可以用梅脱值来对运动强度进行表示。

2. 不要随便改动运动强度

运动强度一旦确定，最好不要轻易对其进行随意的改动，竞技运动训练者在参与运动的过程中也不要对运动强度轻易做改动，要遵守运动处方中规定的运动强度，将其作为依据来进行竞技运动训练。优秀体育锻炼项目的运动强度富于变化、起伏不定，稳定性较差，所以，患有身体疾病尤其是慢性疾病的体育锻炼者是不适合参与竞争十分激烈的体育运动的。

### （三）运动时间

1. 运动时间确定的依据

在确定运动处方运动时间的时候，应该重点考虑以下几点：受试者年龄、运动经历；经过临床和功能检查，得出的相应诊断结果等。

2. 常见运动项目运动时间的确定

（1）耐力性（有氧）运动的运动时间

在运动处方中，运动时间指的是每一次持续运动所需要的具体时间，包括每一次锻炼所需要的次数、强度和持续时间。每次运动所需的时间介于 15～60 分钟之间，通常会持续 20～40 分钟的时间；达到适宜的心率（THR）需要至少 15 分钟的时间方可实现。运动强度与运动量之间要有一个合理的比例关系。在计算间歇运动持续时间的时候，应当将间歇时间从计算结果中减去。对于间歇运动而言，其运动密度应当根据个体的体力状况确定，对于身体素质较差的人而言，运动密度应当相应地降低；反之则提高。

运动强度和运动时间共同决定了运动量，当总运动量确定的时候，运动强度与运动时间呈反比关系。可见，选择适宜的运动强度是获得良好训练效果的重要因素之一。当运动强度达到较大程度时，所需的运动时间也会相应缩短；当运动强度较小时，所需的运动时间也会相应地延长。因此，不同年龄、性别的人对运动量的选择是不相同的。对于年轻且身体状况较为强健的人而言，前述方案是最为合适的；而后一种方案适用于年事已高或身体状况较为脆弱的人群。不同年龄和体质水平的人，应采用适合自己特点的方法进行体育锻炼，对于年轻且身体素质较高的人来说，开始锻炼的时机是通过增加运动强度来实现的；老年人和身体素质较弱的人，通常会从运动强度较低的时候开始锻炼。随着运动量的逐渐增加，应该优先考虑延长运动时间，然后再逐步提高运动强度。

（2）力量性运动的运动时间

力量性运动的持续时间，通常是指每一个动作所需的时间长度，即持续的时间。从生理学角度上讲，不同强度训练所需要的运动时间也不相同。一般在等长训练中，维持肌肉收缩的时间不少于 6 秒是最为理想的。如果一个人连续几个小时或更长时间的重复训练时，则应考虑其疲劳程度和恢复情况。在进行最大的训练时，需要先进行负重伸膝的动作，然后再保持 5～10 秒的时间，这与静力性和非静力性练习相比有明显的不同，但对提高训练效果仍很重要，在进行动力性练习时，完成一次练习所需要的时间事实上反映了动作的速度。

（3）伸展运动和健身操的运动时间

一般而言，成套伸展运动与健身操运动时间相对固定，不成套伸展性运动与健身操运动时间则存在显著的差异性。

### （四）运动频度

1. 耐力性运动的运动频度

在制订运动计划的时候，通常会采用每周的锻炼次数来表示运动的频率，运动的频率与其强度和持续时间密切相关。不同类型的运动对身体各部位的作用有明显差异。一般而言，每周进行 3～4 次的体育锻炼，简单来说就是每隔一天锻炼一次，效益最为显著，每周进行两次体育锻炼是最低的锻炼频率。随着运动频率的增加，锻炼效率并不会有十分显著的提升，反而可能导致运动损伤的增加。在强度较大的训练中，应根据不同情况选择适当频率的活动，每日坚持少量的高强度耐力运动是可行的。

2. 力量性运动的运动频度

大多数情况下，力量训练的频率为每日或每隔一天进行一次，以达到最佳效果。

3. 伸展运动和健身操的运动频度

一般情况下，伸展运动和健身操的运动频率为每日 1～2 次。

## （五）注意事项

### 1. 耐力性（有氧）运动的注意事项

针对心血管、呼吸等系统的慢性疾病，采用耐力性（有氧）运动进行康复和治疗时，需要根据各类疾病的病理生理特点以及每位参加锻炼者的具体身体状况，提出合理性、针对性地注意事项，从而进一步确保运动处方的安全性与有效性。同时，还需对参加体育锻炼后出现的各种不适症状及时作出正确诊断与处理。为确保注意力的全面性，需要特别关注以下几个方面：

第一，禁忌或不适宜从事体育锻炼的指征。在制定有氧耐力性运动方案时，必须明确指出运动的禁忌证，以确保方案的针对性和有效性。

第二，在身体活动的过程当中，若出现运动停止的指征，则应立即停止。在制定有氧耐力性运动方案时，必须明确指出需要立即停止运动的指征。

第三，采取对运动量监测的措施，为确保有氧耐力性运动处方的有效性和安全性，必须对运动量进行监控并提出具体的合理性要求。

第四，确保充分的预备活动，以备不时之需。

### 2. 力量性运动的注意事项

在进行力量训练时，应当避免产生明显的疼痛感受，同时，还需对参加体育锻炼后出现的各种不适症状及时作出正确诊断与处理。力量训练之前和之后，必须有充分的准备活动和放松整理活动，以确保训练效果最佳，避免突然用力或过度用力，以减轻疲劳并提高耐力。在力量训练的过程中，必须保持正确的身体姿态，加强心理训练，提高自信心，增强克服困难的信心，克服恐惧感，消除紧张情绪，使之产生积极的生理效应，从而有效地发挥机体机能水平。在必要的情况下，应当提供适当的保护和协助，以确保其安全。

当闭气用力的时候，心血管所承受的负荷会随之增加，导致反应发生。对于那些患有轻度高血压、冠心病或其他心血管系统疾病的患者而言，在力量训练时应当谨慎行事；患有心脏瓣膜病变者不宜做力量练习；患有较为严重的心血管系统疾病的病人应当避免任何形式的肌肉力量训练；定期对器械和设备进行维护，以确保其安全可靠。

### 3. 伸展运动和健身操的注意事项

在综合思考动作的难度、幅度等因素的时候，必须谨慎行事，逐步增加难度，并根据实际情况适度调整；在面对某些疾病时，需要谨慎考虑使用特定的动作，以避免产生不良后果。例如，对于老年人、高血压患者等人群而言，应当避免或减少过度用力的动作，以及采取幅度较大的俯身、低头等动作，同时对于一些容易发生损伤的部位，如颈部、膝关节及踝关节等宜加强锻炼，在运动时务必注意保持正确的呼吸方式和节奏，以确保身体的安全性。

## 三、制定运动处方的原则

### （一）科学性原则

科学性原则要求在制定运动处方的时候要考虑可行性，运动处方必须符合人体的生理和心理特点。在制定运动处方时，需要特别留意运动时间和强度的选择，以确保其符合处方对象的身体特征和运动重点的要求。

### （二）具体性原则

运动处方的制定不是千篇一律的，应该根据每个个体的不同情况来制定，为了确保每位参加竞技运动训练的个体，都能充分考虑其身体客观条件和要求，需要制定一份个性化的处方。运动处方是运动员进行科学训练、比赛的重要参考依据，因此针对不同的病症，制定个性化的运动处方是必要的，同时，针对同一病症在不同阶段所需的相应运动处方也应有所区别。

### （三）有效性原则

运动处方中运动强度和运动量的安排要保证对肌体刺激有效，制定与开展运动处方应当有助于改善参与锻炼者或病人的功能状态，以便于快速提高锻炼者或者病人的身体素质和运动能力。在规划运动方案时，必须以科学、合理的方式安排各项要素，同时考虑参加体育活动后对机体产生的各种影响，并根据这些情况确定运动量，以保证达到预期目的。在实施运动处方的期间，要保质保量、认真完成锻炼。

### （四）安全性原则

运动处方的制定要结合体育锻炼者的具体实际情况而定，最主要的是要保证体育锻炼者的安全。

为确保竞技运动训练的安全性，制定运动处方时除了需要进行体力测试之外，还应该开展全面的健康诊断，以有效预防运动损伤的发生，所以，对参加体育活动者进行系统的、有针对性的指导是非常重要的。与此同时，必须严格遵守运动处方中的各项规定与要求，合理、科学地选择运动负荷，以确保竞技运动训练的科学性和安全性得到充分保障。

## 四、制定运动处方的程序

### （一）一般调查

1. 询问病史及健康状况

需要详细了解自己的病史和健康状况，如既往病史、现有疾病等，同时，女性也需要了解月经史和生育史。

2. 了解运动史

在一般调查过程中，非常有必要了解参与锻炼者或者病人的运动经验、运动爱好、运动时间、运动损伤等。

3. 了解健身或康复的目的

了解锻炼者或者患者的健身或康复目标、对于通过运动改善健康状况的期望等。

### （二）临床检查

1. 运动系统的检查

（1）肌肉力量的检查和评定

手法肌力试验、器械测试和围度测试等是常用的手段，用于评估肌肉力量。

（2）关节活动度的检查

评估肢体运动功能和关节柔韧性的基本标志是关节的可动范围与活动度。

2. 心血管系统的检查

对于心血管系统的检查，需要进行静态和动态两种不同的方式，以全面评估其健康状况，其中动态检查主要是指在心脏搏动时，各项生理活动和各种电生理学变化的检测。心律、血压等是常用的心血管系统指标，这些指标可用于评估心脏健康状况，反映心脏收缩和舒张能力以及血管阻力情况。对于心血管系统的功能检查，通常采用定量负荷试验，其中包括一次负荷试验、台阶试验等多种方法。

3. 呼吸系统的检查

呼吸系统检查的方法有很多种，如评估通气功能、测定肺容量等多个方面。

4. 神经系统的检查

神经系统检测有反射检查、神经肌肉功能检查等。

**（三）运动负荷试验**

1. 运动试验的方法

（1）活动平板运动试验

可调节坡度与速度的步行器，被称为活动平板，可用于测定人体下肢力量、平衡能力及对地面反作用力等生理指标。在活动平板运动试验时，经常采用的方案是 Bruce 方案，具体而言是受试者在平板上行走，每 3 分钟增加一级负荷，分为 7 个级别，且在运动过程中不允许休息。在运动过程中，不间断地使用心电图监护。

活动平板运动试验的优越之处，在于其运动方式与日常活动的生理特征高度契合，呈现出一种自然而然的运动方式；能反映人体不同部位肌肉力量大小及其在工作中的相互关系，并可对运动员进行机能评定；运动作为一种全身运动，其最大强度可以通过测量来确定；诊断具有较高的敏感性和特异性，能够提供精准的诊断结果；MET 值可直接测量，因为它的运动强度是固定的；操作简便、安全有效，能够用于儿童测试和评估；无创性检查简便、快速、安全；通过对心电图的连续监测，安全性得到了显著提升。

活动平板运动试验的主要缺陷，在于其产生的噪音较大、价格昂贵，且需要占用更大的场地面积；在运动强度较高的情况下，生理指标的测定难度比较大；在运动的过程当中需要进一步加强防护措施。

（2）功率自行车运动试验

该试验要求受试者在连续蹬功率自行车的过程中，逐渐增加蹬车的阻力，从而加大运动的负荷。该试验共分为 7 个级别，每个级别运动 3 分钟。在测定的时候连续地使用心电图监测，并按照一定的时间间隔进行测量。

功率自行车运动试验之所以备受青睐，是因为其噪音微小、价格亲民、占地面积不大；在运动过程中，上身保持相对稳定，使得测量心电图、血压等生理指标变得相对容易；适用于年龄较大、体力较弱的受试者，原因是心理负担较小、运动较安全等，具有较高的使用价值，这些优点使其成为一种理想的运动选择。

自行车的主要劣势，在于对于身体素质较高的人，其心脏负荷通常无法达到最大值；针对下肢肌肉力量不足者，尤其是体力较差的人，运动试验的目标难以实现；对于长时间从事大强度锻炼后出现明显疲劳感的人，其心率和血氧饱和度高于一般水平，这可能与过度消耗氧分有关，因为受到局部疲劳的影响，所得结果未能达到活动平板运动试验的预期水平。

2. 运动试验的禁忌证

急性炎症、传染性疾病，严重的心脏疾病、高血压，下肢功能障碍、骨关节疾病等。

3. 运动试验的中止指标

随着运动负荷的增加，身体所承受的收缩压也随之降低；随着运动负荷的增加，心率并未呈现出明显的增加或下降的趋势；运动所致的心律不齐症状；出现眩晕、苍白的面色、冷汗淋漓、呼吸急促、下肢无力、动作不协调等症状。

4. 运动试验的注意事项

第一，在运动试验之前，避免在空腹或饱餐后立即进行。

第二，在运动试验之前的两小时内，避免吸烟和饮酒。

第三，在试验以前，应该停止使用对实验结果有影响的所有药物，若因病情需要无法停药，应在分析试验结果的时候全面综合考虑药物的影响因素，以确保试验结果的准确性和可靠性。

第四，在运动试验的前一天，应避免过于激烈的身体活动。

第五，在运动试验之前，应该有半小时的休息时间。

**（四）体力测验**

只有在运动负荷试验时没有发现任何异常的情况下，才能进行体力测验。因此，在测试时应选择适合自己身体条件的强度或时间。体力测验的时候，需要进行运动能力和全身耐力两项测试，其中全身耐力测试所采用的运动方式为有氧运动，有三种运动方式，即步行、奔跑和游泳。

（五）制定运动处方

通过对检查结果的综合分析，我们能够全面了解体育运动参与者的身体状况和体能水平等方面的信息，并根据个体情况制定个性化的运动方案。在处方中，应当明确运动项目、规定运动强度的安全和有效范围等关键要素。

## 五、运动处方的实施

运动处方的实施一般包括三个部分，即准备活动部分、基本活动部分和整理活动部分。每个部分都有不同的内容，训练者在按照运动处方进行训练时要加以注意。

（一）准备活动部分

参与竞技运动训练的准备阶段，对于训练者而言具有至关重要的意义和作用，因为它可以促进身体从静止状态向工作状态的转变，从而使肌体逐渐适应高强度的训练部分，降低和减少内脏器官系统突然承受较大运动负荷而发生意外的概率，同时也降低韧带、关节等运动器官损伤的风险。

训练者在活动准备阶段，通常采用低强度的有氧运动，或者具有伸展性的体操项目，如步行、慢跑徒手操、太极拳等，这些项目不仅可以促进身体各部位肌肉群的发展，还能有效地降低心血管疾病发病率。活动准备阶段的时间安排具有高度的灵活性，能按照不同的锻炼阶段需求进行灵活调整。

（二）基本活动部分

在运动处方中，基本活动部分被视为竞技运动训练者实现健身或康复目标的主要途径，其重要性不言而喻。在实施这一部分内容的过程当中，必须严格遵循具体的运动处方规定，如运动内容、强度和时间等方面。

（三）整理活动部分

整理活动部分也是运动处方的重要内容之一，在基本运动内容结束之后，竞技运动训练者应该参加一些放松的整理运动，而不是立即停止运动，只有这样才能促进运动肌体得到有效的恢复。

进行整理活动最主要的目的是避免出现因为突然停止运动而引发的身体不适症状，如头晕、恶心等，其对防止运动损伤有非常明显的效果。具体来说，常见的整理活动方式有散步、放松体操、自我按摩等，持续时间一般在 5 分钟左右。

## 第三节　竞技运动训练的医务监督

现代竞技运动训练中的医务监督内容非常广泛，对竞技运动训练的作用也不尽相同。重点对竞技运动训练中容易出现的疲劳及其恢复、竞技运动训练中的伤病与处理进行研究。

### 一、竞技运动训练中的疲劳与恢复

#### （一）运动性疲劳的概念

在运动过程中，出现了暂时性的肌体工作能力下降，但经过适当的休息和调整后，能够恢复原有机能水平的生理现象，被称为运动性疲劳。在竞技运动的训练过程中，这种生理现象是一种相当普遍的现象。要想提高运动员的健康水平和身体机能水平，就必须对其运动处方加以合理应用。随着现代科学技术的发展，人们对运动性疲劳产生机制及消除方法也有了一定程度的了解和认识。运动员在训练期间身体素质不断得到提升，这是一个有益过程。

#### （二）竞技运动训练中疲劳的表现与诊断方法

1. 竞技运动训练中疲劳的表现

根据竞技运动训练中疲劳的程度，可将其分为三类，即轻度疲劳、中度疲劳和重度疲劳，具体内容如下：

（1）轻度疲劳

轻度疲劳是指竞技运动训练后产生的疲劳感，属于正常现象，其主要表现为呼吸变浅、心跳加快等。轻度疲劳可以在短时间内恢复。

（2）中度疲劳

中度疲劳的症状表现主要分为三个方面：一是身体方面，其主要症状为面色苍白、眩晕、肌肉抽搐、呼吸困难、口舌干燥、声音嘶哑、腰酸腿疼等；二是精神方面，主要症状为精神不集中、烦躁不安、情绪低落、经常出差错；三是自我感觉方面，主要症状为全身疲倦、嗜睡、无力等。中度疲劳通过采用一系列手段也能很快消除，不会对身体造成影响。

（3）重度疲劳

重度疲劳是指肌体疲劳的程度最为严重，主要表现在三个方面：一是肌肉力量下降，收缩速度放慢，肌肉出现僵硬、肿胀和疼痛，动作慢、不协调；二是神经反应迟钝、不易兴奋、烦躁、抵触等；三是肌体抵抗或适应阶段所获得的各种能力消失，并出现应激相关疾病，表现为器官功能衰退，导致重度疲劳。一旦出现重度疲劳，一定要及时采取科学的方法来消除疲劳，否则，就会对学习和生活产生不利影响，损伤身体。

2. 竞技运动训练中疲劳的诊断方法

科学判断运动性疲劳的出现及其程度，能够更好地安排竞技运动训练，并更加趋于科学化、合理化。下面就介绍几种常用的判断运动性疲劳的方法，具体在运用时要有针对性地进行选择：

（1）主观感觉

运动时，人体的主观感受受到多种因素的影响，如工作负荷、氧耗量等，在所有运动的过程当中，判断运动性疲劳的重要指标就是自我感觉。

（2）生理学评定

心肺功能涵盖了多个方面，如脉搏、心电图等，这些构成了一个完整的生命系统。对于生理学的评估，有多种方法可供选择，每一种方法都有其独特的优势，可以准确地判断不同的心肺功能状态。例如，当运动员的血压和脉搏发生变化时，可能会出现一种紧张性不全反应，这种反应通常预示着他们的功能可能会受到影响，或者表现出早期过度训练的迹象；脑电图和脑血流图可用于反映运动员在疲劳状态下大脑局部缺氧、缺血的情况，还可以监测运动负荷后心脏泵血能力、心率，以及心搏出量、心肌氧供比等指标，从而判断心血管系统是否处于正常状态；

通过检测呼吸肌力、膈肌肌电图等参数，能够将呼吸肌和膈肌疲劳的程度反映出来。

（3）肌力测定

人体的肌肉力量主要由背部肌肉的力量、握力以及呼吸肌的耐力所组成。对于其检测方式，亦存在一定的差异。测定背部肌肉力量和握力的方法能在早晚分别测量一次，以求得数值差异。在运动后出现肌肉酸、困现象或肌肉无力者，均应考虑到可能存在着慢性疲劳状态，如果第二天清晨时已经恢复到原有水平，那么能推断出身体正在经历正常的肌肉疲劳状态。通过连续5次肺活量测定，每次间隔30秒，可以测定呼吸肌耐力，肺活量在疲劳状态下会逐渐下降。

（4）感觉器功能测定

对于感觉器功能的测定主要可以从两个方面来入手：一个是闪光融合频率，另一个是皮肤空间阈。

（5）化验检查

化验检查主要包括两个方面：一个是疲劳时的尿液化验，另一个是疲劳时的血液化验。通过这两个方面，往往就能够对运动性疲劳进行判断。

### （三）运动性疲劳的消除方法

1. 睡眠

睡眠作为一种有效的治疗手段，能够缓解运动性疲劳，促进身体机能的快速恢复，同时提高机体的免疫力，增强大脑功能、改善血液循环。当人进入睡眠状态的时候，感知能力会逐渐减弱，意识也会逐渐消失，肌体与周围环境的主动互动也会大幅减弱，从而失去对环境变化的精准适应能力，全身肌肉也会进入松弛、放松的状态，人体各器官都获得良好的休息条件，最终减少和降低各种疾病发生的可能性。一般而言，成年人每日所需的睡眠时间为7～9小时，少年儿童则需要约10小时的睡眠时间，以促进精神与体力的有效恢复。对于在竞技运动训练中感到疲劳的运动员而言，他们需要更多的睡眠时间，但并不意味着睡眠的时间越多越好，应该根据他们的疲劳程度确定合适的睡眠时间。

2. 运动性疗法

以人体肌肉关节的运动为基础，运用神经生理学与运动学的科学方法，实现疾病的有效预防和治疗，同时促进身心功能的恢复与发展，称为运动性疗法。它是康复医疗的重要措施之一，要想达到较为理想的恢复效果，就要以运动员的实际情况为主要依据，以运动处方的形式，有针对性地选择适合的运动方法，从而能够确定适当的运动量。具体来说，运动性疗法的具体措施主要有整理活动和积极性休息两种主要形式。

3. 中医药疗法

中医药疗法对于竞技运动训练疲劳的恢复具有积极的辅助作用。

（1）药剂熏洗

延迟性肌肉酸痛被现代医学视为骨骼肌肉疲劳的一种显著表现，而非单纯的损伤。在骨骼肌发生劳损或急性蜕变后出现延迟性肌痛和痉挛，称为延迟性肌肉酸痛。利用无创伤性超声技术，对延迟性肌肉酸痛诊断的过程中，可将肌肉水肿、炎症和肌肉厚度等方面的变化情况充分反映出来。同时，还能发现骨骼肌和关节周围软组织中肌纤维间的粘连现象，并伴有不同程度的压痛点。按照中医学理论，延迟性肌肉酸痛的局部病理机制在于，筋骨肉形体的局部运动过度负荷，导致筋脉不畅、营血瘀滞，从而受阻致疲劳，不畅则会出现酸困疼痛的现象，同时筋肉也会出现僵硬不适的情况。治疗原则应以“通为补”，以达到气血阴阳平衡，所以对于局部外治而言，必须遵循舒筋活血、行气止痛、温通经络的治疗原则。在治疗上可采用针灸、按摩和穴位埋线等方法，中药熏洗和推拿的主要功效在于，促进延迟性肌肉酸痛的肌肉组织结构、代谢和功能的恢复，有效消除和缓解该症状。

（2）汤剂内服

服用复方中药和服用单味中药是采取内服中药消除运动性疲劳的两种方法，其中复方中药是最常用的一种。这是因为在长期从事体育运动时，机体需要不断消耗能量，这些能量来自食物或药物等营养物质，因此，必须补充一定量的营养才能保证身体健康。按照中医学的理论分析，复方中药的组方主要以补益与调理为主要原则，以消除运动性疲劳、促进体力恢复为目的。在治疗时比较注重对人体机能状态的改善，忽视了机体阴阳气血的调整。复方中药进补的主要组方为调理与补益，旨在平衡肌体阴阳，强调阴阳互根，避免孤阴不生、独阳不长的情况，对于善于补阳的人来说，必须在阴中寻求阳的滋养，善于滋养阴液的人，必须在阳气的怀抱中寻求阴性能量，由此，在选用药物时也应遵循这一基本原则。在治疗效果方面，经常呈现出双向调节的特点，同时也能够适应原有的作用方式。复方中药是一种高度复杂的体系，独特之处在于强调辨证施治，注重调节和改善整体肌体，治疗效果呈现出双向调节和适应原样的特点，与此同时，促进与消除疲劳的功效很可能是改善运动能力的关键性基础。

## 二、竞技运动训练中的伤病与处理

### （一）运动损伤及其防治

1. 运动损伤的概念

在竞技运动训练的时候，人体可能会遭受各种形式的伤害，这些伤害被称为运动损伤。运动损伤与一般工作或者日常生活中的损伤相比有所区别，它的发生大多与竞技运动训练项目及技战术动作特点息息相关。运动员在从事某项特定体育运动时出现的身体局部肌肉拉伤、挫伤和扭伤，以及关节韧带撕裂和肌腱拉断等都属于运动损伤的范畴，这些身体损伤通常以其运动项目命名，如在球类运动中的“网球肘”“足球踝”等损伤。由于运动员自身生理机能变化以及对外界刺激反应能力不同，表现出不一样的症状。竞技运动的训练水平、运动环境等因素，也会对运动损伤产生影响。

2. 运动损伤的分类

第一，根据受损的组织结构分类，有神经损伤、肌肉损伤等。

第二，根据皮肤和黏膜受伤后的完整性，可以将其区分为开放性和闭合性两种类型。

第三，根据病程的不同，损伤可被归为慢性和急性两类。

第四，根据损伤程度的不同，可将其归为轻微、中度和严重三类。

第五，根据运动技术与训练的关系分类，可分为运动技术伤和非运动技术伤。

3. 运动损伤产生的原因

缺乏足够的认识和重视，准备活动不合理，运动负荷过大，运动组织方法不当，身体状态和心理状态不良。

4. 常见运动损伤及其防治

（1）挫伤

由于钝性外力的作用，肌体某一区域及其深层组织遭受了闭合性的损伤，我们将其称之为挫伤。由于受伤原因不同，其临床表现亦有差异。在奔跑、跳跃等动作中，非常容易发生挫伤，尤其是小腿前部骨膜、大腿肱四头肌等部位。疼痛、肿胀、皮下出血和功能障碍等症状，是挫伤后的主要表现。

防治：挫伤之后，应立即采取局部冷敷和外敷新伤药等措施，同时包扎的时候施加适当的压力，并提高患肢高度，以减少和降低出血、肿胀的情况发生。严重挫伤肱四头肌和小腿后群肌肉的时候，部分肌纤维可能会遭受损伤或断裂，从而导致组织内出血并形成血肿。若不能及时有效的救治，则会产生十分严重的后果。在肢体包扎固定之后，务必立即将患者送往医院接受进一步的诊疗。头部或躯干部的挫伤，可能会出现休克症状，因此，需要仔细观察脉搏、呼吸等情况，并在休克的时候优先进行抗休克的处理，以确保伤员能够平卧休息、保温、止痛和止血。如果疼痛加剧，可以考虑口服可卡因或肌肉注射杜冷丁，并立即将其送往医院接受诊治。

（2）撕裂伤

撕裂伤是因物体的撞击，导致皮肤和皮上组织出现规则或者不规则的裂口。

防治：受伤比较轻的患者可先用酒精或者碘酒及时消毒，随后使用云南白药或其他药物和方法有效止血，最后使用消毒纱布覆盖并施加适当的压力进行包扎。如果患者有明显失血症状，可马上采取输血抢救措施。若止血措施无法奏效，应尽可能靠近伤口处，严格按照规定缚止血带，并立即将患者送往医院接受治疗。如果已发生皮下血肿则需及时切开引流，必要时吸除积血。在伤口尺寸较大、较深，以及污染程度较高的情况下，应立即将患者送往医院，及时地进行清创缝合手术，同时采取口服或注射抗生素药物的措施以预防感染，并按照惯例注射破伤风抗毒素。

（3）拉伤

拉伤是由于外力的作用，肌肉过度主动收缩或被动拉长致伤。拉伤的原因有很多种，如运动前的准备活动不充分、动作不协调、训练方法不得当等，发生拉伤后，伤处会出现肿胀、压痛、肌肉痉挛等症状，诊断时可摸到硬块，肌肉断裂是比较严重的拉伤，要给予及时的治疗和处理。

防治：拉伤轻者可立即冷敷，局部加压包扎，抬高患肢。24 小时后可实施按摩或理疗。病情严重者急救后，应立即送医院治疗。

（4）肘关节损伤

肘关节损伤是由于运动技术不合理、运动方法不得当而发生的损伤。如在进行小健美操运动锻炼时常发生肘关节损伤。

防治：急性肘关节损伤，要对伤肘进行特殊处理，要制定适当的休息制度，以促进恢复。损伤发生后，可以局部冷敷、加压包扎、外敷新伤药。

（5）踝关节扭伤

踝关节扭伤属于关节韧带损伤，在竞技运动训练中最为常见。造成踝关节扭伤的原因，是踝关节过度内翻或外翻而导致的踝关节内、外侧韧带受损。

防治：暂停运动、冷敷、加压包扎、抬高患肢。24 小时后可以进行热敷和按摩。严重的扭伤或怀疑有韧带撕裂时应及时求医。

（6）骨折

骨折是指在运动时，运动员身体某部受到直接或间接的外界力量撞击而造成的损伤。常见的骨折有肱骨骨折、尺桡骨骨折、手指骨折、小腿骨折、肋骨骨折等。骨折发生时伤者可感到明显的疼痛，患处出现肿胀的现象，肢体失去正常功能。严重时还伴有出血和神经损伤，甚至发烧和突发休克等现象。

防治：发生骨折后，切忌随意移动肢体，应用夹板或其他代用品固定伤肢；如出现休克，应对患者实施人工呼吸。对于有伤口出血的患者，要采取止血措施，并送往医院治疗。

### （二）运动疾病及其防治

1. 运动疾病的概念

运动性疾病是指竞技运动训练安排不当造成体内功能紊乱后出现的一系列疾病或症状，如过度紧张、过度疲劳、运动性尿异常、运动性贫血、晕厥、运动性消化功能紊乱、运动中腹痛、运动性消化道出血、运动性高血压、心律失常、低血糖、中暑、肌肉痉挛等。

2. 常见运动疾病及其防治

（1）过度紧张

在竞技运动训练过程中，当运动员的体力负荷超过肌体能力的时候，会出现一种病理状态，这种状态被称为过度紧张，通常在运动后即刻或者短时间内出现。

原因：过度紧张大多发生在缺少训练、比赛经验较少、患病和长时间中断训练的运动员当中。

临床表现：脑血管痉挛，急性胃肠功能紊乱，急性心功能不全和心肌损害。

预防措施：重视运动员的体格检查。加强身体的全面训练，遵循科学的训练原则。对于因某些缘故中断锻炼时间较长者，若需再运动时，不应突然加大运动量，以防止过度紧张状态发生。

处理方法：当运动员在运动过程中出现头晕、恶心、心悸等症状时，应立即停止运动，并保持安静、保暖、平卧、松解衣领、裤袋。救护人员点掐内关、人中穴，并迅速送医院处理。

（2）运动性贫血

运动性贫血是指直接由竞技运动训练造成的贫血，诊断标准按一般内科临床诊断贫血标准，即血红蛋白男性低于 120 克 / 升，女性低于 105 克 / 升。

原因：剧烈运动时，脾脏释放出较多的溶血卵磷脂，使红细胞脆性增加。

临床表现：运动性贫血主要表现为贫血症状，如无力头晕、气喘易倦、心悸等。其主要特征为安静时心率加快，心尖区可听到收缩期吹风样杂音。血液检查，红细胞和血红蛋白值均低于正常值。

预防措施：预防运动性贫血的重要环节是安排好运动量和训练强度，循序渐进，区别对待；要有合理的食物加工和膳食制度。运动员要定期体检，以防发生运动性贫血。

处理方法：在竞技运动训练中，如果男运动员血红蛋白低于 100 克 / 升、女运动员低于 90 克 / 升，应停止大运动量训练，以治疗为主，服用抗贫血药物和维生素 C，采用中药人参、红枣、白术、当归等，也有疗效。

（3）晕厥

晕厥是指突然发生的、暂时性的意识、行为能力丧失的一种生理现象。运动员发生晕厥多是在大强度训练或者激烈比赛中或者比赛后。它可以是过度紧张的一种表现。其主要发病机理是脑部一时性缺血、缺氧所致。

原因：直立性低血压，精神、心理状态不佳，胸廓内压力增高，静脉回心血量降低。

临床表现：轻度晕厥，中度晕厥，重度晕厥。

预防措施：经常坚持从事竞技运动训练，提高心血管机能。同时，应注意疾跑后应缓冲慢跑一段距离，不要立即站定，调整呼吸；久蹲后应缓慢起身，以防止直立性低血压；饥饿或空腹时不宜参加体育活动；做力量性运动时要注意呼吸与运动配合，避免过度憋气；在进行剧烈运动后，应休息约半小时再洗浴，防止因周围血管扩张而导致心脑组织缺血，避免晕厥的发生。另外，一旦感觉有晕厥前兆发生时，应立即俯身低头或平卧。

处理方法：晕厥的处理原则是保持安静，注意保暖、对症治疗。先使病人处于平卧或头略低位，松解衣领及束带，立即用热毛巾做面部热敷的同时，采取双下肢向心性的重揉捏或者重推按摩手法，并且对涌泉、人中等穴位进行点捏或者针刺。

（4）肌肉痉挛

肌肉的不自主强直性收缩，俗称抽筋，是一种常见的肌肉收缩现象。任何运动项目均可能由于某种原因而引起肌肉痉挛，最多见于游泳、举重、长跑、蹴球、跳苗鼓舞、跳绳等运动过程中。最易发生痉挛的肌肉为小腿腓肠肌，其次是屈拇肌、屈趾肌。

原因：寒冷刺激；大量出汗，肌肉疲劳和损伤，肌肉收缩失调。

临床表现：肌肉痉挛多在参加长时间激烈的竞技运动训练时发生。发病部位的肌肉剧烈挛缩发硬、肢体僵硬、疼痛难忍，致使运动不能继续，发作常持续数秒。

预防措施：注意加强体育锻炼，提高肌体的耐寒能力。每次运动前要做好充分的准备活动。对于运动中承受负荷大或易发生痉挛的肌肉，进行适当的运动前按摩。冬季运动要注意做好保暖措施。夏季运动、剧烈运动或长时间运动时，及时补充身体所需的维生素、水分和电解质，以维持身体的水分平衡。在饥饿或疲劳的状态下，剧烈的身体活动可能会对身体造成不利影响。在游泳之前，使用凉水全身冲洗，以便于增强身体对寒冷环境的快速适应能力。

处理方法：较轻微的肌肉痉挛，一般只要采用以牵引痉挛肌肉的方法，即可得到缓解。一旦某块肌肉出现强直性收缩（痉挛），即用手握住其相应肢体，向肌肉收缩的相反方向牵拉。注意牵引时切忌用暴力，用力宜均匀、缓慢，以免造成肌肉拉伤。

## 第四节　竞技运动训练的自我监督

除了医疗监督，还有一种监督方式可以有效地促进竞技运动训练的进展，提高竞技运动训练的效率，那就是自我监督。

### 一、自我监督的概念

在体育训练过程中，运动参与者通过自我检查与监测的方式，持续观察自身的健康状况、生理功能变化和运动表现，同时，将观察结果定期记录在训练日记中，以供自身、导师和医生参考。

自我监督的目标在于对锻炼效果进行评估，合理、科学地调整训练计划，以避免和减少过度疲劳的发生，从而进一步提高健康水平。在临床上对运动员进行定期的观察与检查，并及时纠正错误动作，使其达到预期目标。对于运动医务监督而言，自我监督作为一种补充方法，不仅是医师与指导者掌握、评价运动者情况的重要依据，还是一种必要的自我监督机制。在体育运动中，自我监督主要通过对个人动作质量的评定来完成。对于增强自信、坚持科学训练、避免运动过度或不足等方面，定期的自我监督均具有至关重要的作用和意义。医师与指导者应当定期做好对自我监督记录表的检查，必要时实施有针对性的重点检查，以采取相应的合理措施。

### 二、自我监督的主要内容

#### （一）主观感觉

1. 一般感觉

一般感觉将整个人体的功能状态展现出来，特别是中枢神经系统的状态，反映了人体内部的各种生理和心理状态。身体健康的人，主要表现是有着充沛精力的同时，精神也十分愉悦。若机体受到外界刺激后出现不舒服的反应，即为病理性感觉。当身体遭受疾病或过度训练的时候，会产生诸多负面感受，如精神萎靡不振、身体虚弱无力等。如果能及时地了解自己是否存在这些情况，并据此对自身作出适当评价，则有助于我们采取相应措施来维护健康和促进康复。自我评估和自我监督，按照个人的自我感受将其归为优良、普通、不佳等不同等级。

2. 运动心情

运动心情主要指的是对体育运动的兴趣，具体而言就是对它的渴望程度，是衡量一个人对体育运动热情和投入的重要指标。人在正常情况下均具有良好的生理和心理机能。频繁参与体育活动的个体，通常表现出了对运动的浓厚兴趣；如果运动的过程当中感到疲劳或者方法错误，就会影响工作和学习，严重的导致对运动失去兴趣或产生倦怠情绪。运动心情记录是用声音或动作来表达情绪变化的一种方式。记录的时候能按照个人的情感、心情状态，记录为厌烦锻炼、渴望锻炼等。

3. 睡眠情况

经常从事体育锻炼的人，神经系统的稳定性较高，通常能够享受良好的睡眠。优质的睡眠是在短时间内进入深度睡眠状态，减少梦境的干扰，清晨醒来时精神饱满、精力充沛、全身充满力量。在正常情况下，人们的生理节律与生物钟一致，若在夜晚遭受失眠、易醒、多梦之苦，在清晨醒来时精神萎靡不振，表明训练方式不当或运动量过大，因此需要检查运动量以确保其适宜。如不适当地增加负荷，可能引起疲劳而影响身体健康。在记录睡眠情况的时候，应当详细记录睡眠的持续时间以及睡眠状态的健康状况。

4. 食欲情况

训练者由于刚参加完体育训练，身体消耗了过多的能量，导致食欲旺盛，进食量也相当可观。若身体在运动后出现食欲减退、食量减少的情况，表明运动强度或时间安排不当，身体状况不佳，因此要及时调整运动量和运动时间，同时注意饮食的均衡与营养补充。另外，运动结束后即刻进食，食欲并不会好。记录的时候，能描述食欲的状态，如良好、一般、减退以及食欲不振等。

5. 不良感觉

身体在剧烈运动后，因过度疲劳出现肌肉酸痛、四肢无力等不适症状，实际上这是一种正常的生理现象，只需适当的休息身体即可恢复，随着训练水平的提升，这些现象的消退速度也随之加快。若在运动后出现心慌、头晕等不适症状，表明运动量大、方式不当或者健康状况欠佳等。为了防止上述症状发生，应在训练前对运动员进行必要的检查，如心电图和血压检测。记录的时候可以写气短、头晕等。

6. 出汗量

出汗的多少在运动过程中受到多种因素的影响，如气候条件、运动方式等多个方面。当身体突然大量出汗，尤其是出现夜间盗汗或自汗现象的时候，说明身体已经处于非常疲劳的状态，或者出现了其他疾病。在记录过程中，可以记录出汗量的适宜范围、出汗频率的增加等情况。

### （二）客观检查

1. 脉搏

对于频繁参与体育活动的人而言，因为迷走神经的紧张度增加，他们在安静状态下的脉搏频率会变得缓慢。清晨的脉搏在自我监控中可以被用来评估身体的运动水平和机能状态。清晨心率是心跳次数与呼吸次数之比，它表示人体对氧利用能力及全身血液流动速度，在清晨醒来之前，通常需要进行脉搏测定，若发现脉搏逐渐减弱或保持不变，则表明身体机能反映良好，反之则为不正常状态。若每分钟出现超过 12 次的增加，表明身体机能出现了不良反应，此时，必须查明原因并采取相应措施及时处理；如果在清晨时，脉搏持续保持较快的频率，那么很可能是由于过度训练所导致的；若观察到脉搏节律不协调，需运用心电图等技术检测。在运动中发生心跳停止，通常认为有心脏疾病或心脏病发作，如心肌梗死和心肌缺血性病变以及其他各种心律失常。在脉搏测量的时候，通常需要记录 10 秒内的脉搏跳动次数，并将其转换为 1 分钟的数值，最终将其完整记录下来。

2. 体重

在体育锻炼后，初次参与运动的个体的体重可能会出现 2～3 千克的下降，这是由于身体对水分和脂肪的大量消耗所致。个体在经过一段时间的体育锻炼，体重逐渐趋于平稳，在此过程中，人体不断地吸收营养，使体内热量得到补充，从而提高新陈代谢能力。坚持体育锻炼的人，随着时间的推移，他们的肌肉逐渐变得更加强健有力，体重也逐渐增加，同时保持着良好的身体素质和水平，因此，要根据每个人不同时期的特点进行训练和调整，使之达到理想的效果。在自我监督的过程中，每周可以进行1～2次的测量，只要按照不同的发展阶段进行，就可以被视为正常的状态。在此过程中，身体各系统都会发生适应性变化，如体温上升、血压升高、脉搏增快等。若身体重量持续减少，则说明存在严重的疲劳或其他消耗性疾病的存在。

3. 肺活量

肺活量的大小可以将呼吸功能的优劣充分反映出来，运动可以显著提升呼吸功能的表现。如果不注意体育锻炼，或缺乏必要的手段和方法，都会影响肺活量的正常发挥，频繁参与体育锻炼的人可以增加肺活量，需要注意的是过度训练则会导致肺活量的下降，因此应保持适当运动量。在运动之前，有条件的可以检查一次肺活量，参与特定阶段的运动后肺活量会有所增加，若持续下降意味着肺功能出现了不良情况。

4. 肌力

当训练状态达到最佳状态的时候，握力和背力均呈现出显著的增长趋势。若肌肉力量持续衰退，需要重点关注。

5. 运动成绩

若能持之以恒地坚持适度的体育锻炼，那么运动成绩将逐渐提升或者保持在一定的水平。假如身体运动能力未能得到提升，甚至出现下降趋势，很可能是由于早期过度训练的状态所致，因此必须寻找原因，并且适当地休息或者及时调整运动量。

6. 血压、心电图

对于有条件或患有心脑血管疾病的锻炼者而言，定期进行检查是必不可少的一项措施，并对运动前和运动后进行比较观察。

7. 其他记录

受伤情况、中断运动时间和气象条件等。另外，女性还要记录月经的情况，如运动后月经量多少、经期长短、有无痛经等。

# 第五章　竞技运动训练的方法与创新

本章主要介绍竞技运动训练的方法与创新，主要从四个方面进行了阐述，分别是竞技运动训练的方法概述、竞技运动训练的体系与应用、竞技运动的体能训练内容与创新、竞技运动的技能训练内容与创新。

## 第一节　竞技运动训练的方法概述

### 一、竞技运动训练方法的含义

在竞技运动训练活动中，我们通常会使用各种类型的途径和方法提升运动员的竞技水平和训练任务完成度，竞技运动训练方法由这些方法和途径组成。竞技运动训练方法既包含教师对学生的“训”，也包括运动员自己主动地训练，竞技运动训练方法是教师和运动员为了达到运动训练目标而采用的方法，并将不同类型的竞技训练方式和方法总结在一起，也是不同类型训练方法的集中表现。

### 二、竞技运动训练方法的作用

在具体的运动训练过程中，竞技运动的训练方法是教练员辅助运动员不断提升运动竞技能力的最佳途径。竞技运动的历史发展沿革告诉我们：科学、合理的竞技运动训练方法对促进竞技运动的整体协调发展而言是非常重要的。科学的训练理论决定了科学的训练方法，并经过科学训练的实践，最终形成了科学的训练方法。所以，我们要对训练方法的作用和特征有所认识，从而帮助我们做好日常的竞技运动训练工作；帮助我们推进竞技能力的提升；帮助我们提升不同项目运动员的综合竞技能力。

## 三、竞技运动训练方法的应用

竞技运动训练的方法多种多样，主要包括分解、完整、重复、间歇、持续、变换、循环及比赛等训练法，不同的训练方法在实际的应用过程中，具有不同的特征和特点。

### （一）分解训练法的应用

分解训练法，顾名思义，就是将一套完整的技术动作分解为多个部分，然后根据动作的顺序开展训练。分解训练法也可以分为不同类型的训练方法，分别为单纯分解训练法、递进分解训练法、顺进分解训练法和逆进分解训练法，我们接下来对这些训练方法进行论述和分析。

#### 1. 单纯分解训练法的应用

（1）单纯分解训练法的应用程序

在使用单纯分解训练法之前，我们首先要将训练的内容分成不同的环节和部分，从单独的环节和内容着手，然后再结合不同内容进行综合性的学习。

（2）单纯分解训练法的应用特点

第一，分解之后的技术动作、战术配合具有一定的复杂性，分解形成的不同部分可以进行独立的训练。

第二，我们不需要制定一套标准的练习顺序，只要能够符合教练员的训练要求即可。

#### 2. 递进分解训练法的应用

（1）递进分解训练法的应用程序

我们在使用递进分解训练法之前，需要将训练的内容分解为不同的部分，先训练第一个环节或部分；掌握第一个部分的内容之后，再训练第二个环节或部分的内容，然后依次训练；训练完成后，将不同部分组合一起进行训练。只有这样递进式的训练，才能够更好地掌握相应的运动技术。

（2）递进分解训练法的应用要求

递进分解训练法虽然没有对练习的环节做固定的要求，但是对相临近的衔接部分内容则有固定的要求。比如，使用这个方法开展标枪的训练时，训练的进程为：首先，训练“持枪加速跑”这一项目；其次，再练习“交叉跑”的项目；最后，再练习“持枪加速跑”与“交叉跑”两个环节，这是一个合成训练的环节。掌握这一环节之后，再开始“原地挥臂投掷”的训练，最后也要将这三个部分结合在一起进行训练。

3. 顺进分解训练法的应用

（1）顺进分解训练法的应用程序

我们在使用顺进分解训练法时，要将训练的内容分成不同的部分，先开始第一部分的训练；完全掌握之后，再开始第一部分和第二部分的统一训练；完全掌握之后，开始三个部分的协同训练；逐次进行这样的练习，直到练习者熟练掌握技术之后停止训练。

（2）顺进分解训练法的应用特点

第一，训练内容的过程和动作技能的顺序相一致。

第二，后一个阶段的训练内容要将前一个阶段的内容纳入进去。

4. 逆进分解训练法的应用

（1）逆进分解训练法的应用

逆进分解训练方法和顺进分解训练方法的顺序是完全相反的，在实际使用的时候也应该和顺进分解训练方法一样，将训练的内容分为不同的部分，先训练最后一个部分；然后将训练内容调整到最靠前的一个内容。如此循环往复的进行，就能够熟练掌握整套技术、战术。

（2）逆进分解训练法的应用特点

第一，训练内容的环节和战术、技术的顺序是完全相反的。

第二，这一训练法多用于最后一个环节，因为这个环节是最为关键的训练，许多关键战术、技术，如踢踹、扣杀、投掷等都保留到这一环节进行训练。

**（二）完整训练法的应用**

完整训练法是一种不区分环节和部分的训练方法，保证技术动作和战术配合的完整程度。这种训练方法适用的动作类型多样，不仅能够适用于单一动作的训练，也可以用于多种动作的训练过程之中；不仅能够适用于个人一系列动作的训练，也可以用于集体性的动作配合训练。

1. 单一动作训练中的应用

我们在进行单一动作的训练过程中，要保证不同动作之间存在紧密的联系关系，并在训练的过程中不断提升训练的强度和难度，从而保证练习的质量和水平。

2. 多元动作训练中的应用

我们在进行多元动作的训练和练习过程中，不仅要保证单个动作的完成质量，还要做好不同动作之间的联系和串联。

3. 个人成套动作训练中的应用

我们在进行个人成套动作的训练过程中，可以从练习的需要出发，对训练提出不同的要求。如果练习的重点是提升动作的质量，可以在练习过程中随时暂停练习的行为，说明运动员练习中出现的关键错误，加深相应的印象，将重点放在改进和提高练习质量上；如果练习的重点是提升整个动作的参赛能力时，我们可以将质量的标准降低，着重检查动作完成的流畅性。

4. 集体配合战术训练中的应用

在进行集体配合战术的训练过程中，应该重视配合后产生的战术效果质量，从而从实践的要求出发，开展完整的战术训练。

### （三）重复训练法的应用

重复训练法是一种重复同一练习的练习方式，两次（组）练习之间的休息时间较长。我们可以根据训练时间的长短，将这一训练方法分为三种类型的训练方法，分别是短时间重复训练方法、中时间重复训练方法、长时间重复训练方法，下面我们对这三种训练方法的应用进行分析：

1. 短时间重复训练方法的应用

（1）短时间重复训练方法的应用范围

短时间重复训练方法一般适用于爆发水平较强、速度需求快的运动技术和运动训练，这种训练要求的前提是磷酸盐系统供能条件。这里有一些技术练习可以供我们参考，排球运动单个扣球技术动作的练习或传（挡、推、截）球与扣（抽）球技术的组合动作、田径运动跨栏技术的分段或全程练习。

（2）短时间重复训练方法的应用特点

第一，练习中负荷的时间长度较短，一般在30秒内，但是负荷的强度较大，动作的速度比较快，休息时间较为宽松，动作之间的环节是比较稳定的。

第二，在休息的过程中，我们一般会采用肌肉按摩放松方式，从而达到快速促进机体恢复的效果。

2. 中时间重复训练方法的应用

（1）中时间重复训练方法的应用范围

中时间重复训练方法使用的前提是具有糖酵解供能条件，这一训练方法一般适用于爆发水平较低、巩固运动强度较低的运动技术和运动训练，而且一般适用于需要局部配合的运动战术。同样，这种训练方法适用于体能主导类的运动项目技术和素质的训练，这种类型的运动项目成绩基本都是30秒～2分钟。

（2）中时间重复训练方法的应用特点

第一，练习过程中的负荷时间比较长，一般在30秒～2分钟的区间内。

第二，在练习的过程中，负荷的时间和负荷距离可以比主项比赛要求的内容更长。

第三，负荷的强度是较大的，主要体现在负荷心率上，并且能够和负荷时间产生一定的联系——负相关性。

第四，单个动作的不同环节和技术的结构应该处于一个稳定的状态。

第五，能量的代谢主要在糖酵解供能系统的辅助下完成。

3. 长时间重复训练方法的应用

（1）长时间重复训练方法的应用范围

长时间重复训练方法适用的范围较广，不仅适用于负荷程度不高、技巧性难度较低的单一技术动作训练工作，同时，也适用于有氧、无氧等混合功能的系统训练工作，另外，也适用于以体能为主导的耐力性项目素质和技术的训练。我们可以将长时间重复训练方法中时间重复训练方法和持续训练方法等训练方法结合在一起使用。

（2）长时间重复训练方法的应用特点

第一，练习过程中需要的负荷时间更长了，一般在 2~5 分钟的时间范围内。

第二，以技能为主导的项目，技术动作练习的类型更多，同时，参与战术、技术训练之中的人数更多了，战术的训练需要将攻防的角度进行转换，训练过程中需要按照实战的要求进行，组织训练的难度较大，而且这一训练方法的负荷时间和负荷距离比主项比赛的要求要更高。

第三，负荷强度和负荷时间的关系是负相关的。

第四，在供能方面，无氧和有氧的混合供能。

### （四）间歇训练法的应用

间歇训练法对不同练习中的间歇时间作出了严格的规定，从而能够让机体处于尚未完全恢复的状态下，进行多次练习的训练方法。间歇训练法之中也包含了三种类型，分别是高强性间歇训练方法、强化性间歇训练方法、发展性间歇训练方法，下面我们对这三种训练方法的使用进行分析：

#### 1. 高强性间歇训练方法的应用

（1）高强性间歇训练方法的应用范围

高强性间歇训练方法不仅能够在体能主导类速度性运动训练中使用，还能够在耐力性运动训练中使用，同时对对抗性的攻防战术训练也十分有作用。

（2）高强性间歇训练方法的应用特点

第一，在单次的训练中，负荷的时间比较短，一般在 40 秒之内。

第二，负荷的强度较大，心率一般处于每分钟 190 次的水平。

第三，间歇的时间并不充足，心率达到 120 次之后，就可以开始下一次的练习了。

第四，练习的内容一般是单个技术或者是组合的技术。

第五，练习的动作结构基本不会出现太大的变化。

#### 2. 强化性间歇训练方法的应用

（1）强化性间歇训练方法的应用范围

强化性间歇训练方法主要用于需要具备一定混合系统供能能力、良好心脏功能的竞技运动项目的训练工作，包括素质、战术、技术等训练。

（2）强化性间歇训练方法的应用特点

不同的运动项群，具有不同的应用特点，下面我们就体能主导类和技能类进行分析：

第一，对于体能主导类运动项群来说，一次练习需要的负荷时间会比主项比赛时间更长，一般在 100～300 秒钟的时间范围内，负荷的强度通常会比主项比赛强度低 10%～5%，运动员需要将自己的心率稳定在每分钟 180 或 170 次左右的范围内，间歇时间以心率 120 为准则，动作结构需要维持稳定。

第二，对于技能类运动项群来说，技术的种类比较多，动作的练习一般为组合性的技术，并对技术动作的负荷强度提出了要求，负荷由力量耐力和速度耐力两个方面的要素组成。

3. 发展性间歇训练方法的应用

（1）发展性间歇训练方法的应用范围

发展性间歇训练方法比较适合耐力素质较强的运动项群的训练工作。尤其是体能主导类耐力性项群，会经常使用这种训练的方法。而在技能主导类运动项群的训练过程中，这一训练方法需要在将比赛时间分为不同阶段的攻防练习中使用。

（2）发展性间歇训练方法的应用特点

第一，在一次的训练时间内，负荷的时间较长，至少应该有 5 分钟的时长，负荷的强度应该控制在 160 次 / 分左右的平均心率水平，间歇时间以心率 120 为准则，持续练习的动作可以是单一的，也可以产生一些变化，有氧代谢系统是供能的主要来源。

第二，在日常的训练过程中，为了提升耐力的实际水平，教师需要交叉使用不同类型的训练方法，如发展性间歇训练法、强化性间歇训练法，在实际的使用中，应该根据负荷的强度进行合理安排。

## （五）持续训练法的应用

持续训练法是一种不间断进行训练的方法，负荷的强度较低，负荷的时间较长。我们可以根据时间的长短，将持续训练法分为短时间持续训练方法、中时间持续训练方法、长时间持续训练方法三种类型的方法，下面我们对这三种方法在实际运动训练中的应用进行分析：

1. 短时间持续训练方法的应用

（1）短时间持续训练方法的应用范围

短时间持续训练方法一般见于在体能主导类项目的训练过程之中，同时也能够在技能主导类运动项群中使用，并担任强度较高的战术、技术、素质的训练工作。

（2）短时间持续训练方法的应用特点

第一，一次练习需要的负荷时间比较短，大概在 5～10 分钟的范围内，但是负荷的强度是相对较高的，平均心率负荷指标大概在每分钟 170 次左右的水平。

第二，练习的动作可以是单一的，也可以是多元化的。

第三，练习动作的组合可以固定不变，也可以发生一定的变化。

第四，不能够随意中断练习的过程。

2. 中时间持续训练方法的应用

（1）中时间持续训练方法的应用范围

中时间持续训练方法一般适用于整体配合战术或技术编排成套的战术训练、攻防技术的对抗练习、技能主导类运动项群的串联、体能主导类耐力运动的训练。

（2）中时间持续训练方法的应用特点

第一，技术动作可以是单一化的，也可以是多元的，平均的强度并不高，负荷的时间相对来说比较长，有氧代谢系统是主要的能量来源。

第二，如果使用这一练习的方法，持续的负荷时间大概在 10 分钟以上。

第三，负荷强度的心率指数大概在每分钟 160 次左右的水平。

第四，体能主导类项群一般用于耐力素质的增长和提高方面。

3. 长时间持续训练方法的应用

（1）长时间持续训练方法的应用范围

长时间持续训练方法在技能主导类运动的应用中较为受限，这是由技能主导类运动的特性决定的。长时间持续训练方法的主要作用是发展运动员个人的耐力，而这一目的和技能类运动的主要特性相悖，如果盲目使用长时间持续训练方法，不仅不能提升技能类运动项群的成绩，甚至还有可能引起机能方面的问题，并对专项运动素质的发展和提升造成阻碍。所以，这种训练方法只能够作为一种辅助性的练习。

（2）长时间持续训练方法的应用特点

第一，训练的环境不够稳定，运动的路线会产生变化。

第二，负荷时间较长，运动速度的转换不具备节奏性的特征，随意性较强。

第三，运动过程是一个持续性的过程，在练习的过程中，会出现负荷强度不稳定的特点，使得心率指标在每分钟60～130次的范围内，心理上给人的感觉是比较轻松的。

### （六）比赛训练法的应用

比赛训练法是一种按照比赛环境和条件、比赛规则和方式开展训练的方法。我们可以按照比赛的性质，将比赛训练法分为四种类型，分别是教学性比赛方法、检查性比赛方法、模拟性比赛方法、适应性比赛方法，下面我们对这四种方法的实际应用进行分析：

1. 教学性比赛训练方法的应用

（1）教学性比赛训练方法的应用形式

教学性比赛方法有多种形式的应用渠道。比如，在运动队中队员之间的对抗性比赛，也是一种教学的方式，我们可以邀请其他运动队的队员开展比赛，让不同学习进度的队员之间开展比赛，一些战术、技术上的对抗性教学比赛，都是对教学性比赛训练方法的实际应用。

（2）教学性比赛训练方法的应用特点

第一，可以挑选一部分的比赛规则，进行实践性、实地性的训练。

第二，比赛的环境比较单一，运动员能够更好地集中注意力。

第三，比赛过程可以随时暂停，从而方便教师的指导。

第四，运动员的心理压力较小，能够发挥出正常的水平。

2. 检查性比赛训练方法的应用

（1）检查性比赛训练方法的应用范围

检查性比赛训练方法能够适用于不同类型的训练，如训练水平检查性比赛、运动技术质量、运动负荷能力、主要影响因素、专项运动成绩等。因为检查性比赛是在比赛的环境和条件下开展的质量检查训练，所以比较容易检查出相应的问题，因此，一些经验丰富的教师会经常采用这一训练的方法。

（2）检查性比赛训练方法的应用特点

第一，可以使用正式比赛的全部规则，也可以选择部分规则开展比赛。

第二，比赛的环境既可以是开放的，也可以是封闭的，使得运动员的心理压力较大。

第三，可以对比赛过程采取全程录像，从而对比赛状况进行把控。

检查性比赛方法可以对运动训练的结果进行检验，找出训练过程中的不足之处，并提出相应的解决方案及建议，为训练工作的开展提供反馈信息。

3. 模拟性比赛训练方法的应用

（1）模拟性比赛训练方法的应用范围

模拟性比赛训练方法一般用于技能主导类对抗性运动项群的练习中。如比赛环境的模拟比赛、运动战术的模拟比赛、技术动作的模拟比赛等多种比赛，从实际的操作出发，为运动员实战能力的培养提供方案。

（2）模拟性比赛训练方法的应用特点

第一，比赛的环境和真实的比赛场景相比，较为接近，需要根据比赛的规则进行，模拟比赛的对手和比赛过程中真实的对手是较为相似的。

第二，在模拟性比赛的帮助下，运动员训练的目的性能够得到提升，从而锻炼运动员的心理承受能力。

4. 适应性比赛训练方法的应用

（1）适应性比赛训练方法的应用形式

适应性比赛训练方法有众多使用的形式，如表演赛、对抗赛、访问赛、系列邀请赛等，都属于适应性比赛训练方法的范围。在开展这一比赛训练方法之前，我们应该采取一系列完整的赛前准备、比赛实施、赛间调整。

（2）适应性比赛训练方法的应用特点

第一，在开始比赛训练方法之前，我们应该搭建一个真实性较强的比赛环境，按照比赛规则和比赛的要求，和真正的对手，或者是模拟的，或者和真实对手比较接近的对手开展比赛。

第二，为了促进运动员产生旺盛的胜负欲，我们应该培养学生的不同竞技技巧，从而达到高质量匹配的效果，从其他比赛的结果中总结出相应的问题，形成和重大比赛相符合的竞技环境。

### （七）变换训练法的应用

变换训练法是指在训练过程中变化练习的条件、练习的形式、练习的内容、练习的负荷，从而提升运动员训练的积极性、趣味性、适应性等。根据变化的具体内容，我们可以把训练法分为三种，分别是负荷变换训练方法、内容变换训练方法、形式变换训练方法，我们下面对运动训练的具体应用进行分析：

1. 负荷变换训练方法的应用

（1）负荷变换训练方法的应用范围

负荷变换训练方法起到的作用是非常独特的，不仅能够在身体的训练过程中使用，还能够提升运动员的战术水平。

（2）负荷变换训练方法的应用特点

第一，降低负荷强度，便于学习、利用运动战术。

第二，提升负荷的强度和密度，让机体能够更加适应比赛的节奏。

2. 内容变换训练方法的应用

（1）内容变换训练方法的应用范围

在一般情况下，内容变换训练方法可以用于技能主导类对抗性运动项群中不同技术的练习，可以用于单个技术的变化练习、基本技术组合的练习、一种战术方案的变换练习，以及战术混合使用的变换练习。这个方法也能够用于技术动作的组合性练习。但是，在机能主导类运动项群中，内容变换训练方法一般见于身体方面的训练。

（2）内容变换训练方法的应用特点

第一，练习内容的动作可以是变化的，也可以是固定的动作。

第二，练习的负荷性质符合运动训练的具体特点。

第三，练习内容的变化必须符合比赛的总体要求。

第四，练习动作的力度也要符合运动的具体要求。

3. 形式变换训练方法的应用

（1）形式变换训练方法的应用范围

形式变换训练方法突出表现在方位、落点、线路、场地等环境的变化上。比如，在隔网类运动项群的练习中，虽然动作、负荷已经固定了，但是后排、前排、斜线、直线等发球方式是可以变化的；在同一场次的运动项群中，侧身带球技术也可以在战术配合的作用下，形成不同类型的战术形式，如“掩护”或“反掩护”。

（2）形式变换训练方法的应用特点

第一，在开展训练时，我们要注重练习形式、训练时间、训练路径、训练气氛的变换。

第二，只有教练员积极地变换训练形式，不同类型的技术才能够串联起来。

第三，对运动员进行新的影响，从而提升运动员的训练情绪，进而使得神经系统处于较好的准备状态中。

第四，让运动员产生一定的表现欲望，使得训练的质量得到提升。

## 第二节　竞技运动训练的体系与应用

### 一、竞技运动训练方法体系的基本结构与基本分类

#### （一）竞技运动训练方法体系的基本结构

竞技运动训练方法体系由许多因素共同构成，包括练习动作及其组合方式、运动负荷及其变化方式、过程安排及其变化方式、信息媒体及其传递方式、外部条件及其变化方式等要素。

1. 练习动作及其组合方式

主要是运动员为了完成具体任务而开展的身体练习，以及不同练习之间包括的固定的组合方式、变异的组合方式。

2. 运动负荷及其变化方式

主要是教练员在开展身体练习时，运动员身体出现的量度、强度、负荷等方面的变化。

3. 过程安排及其变化方式

主要是教练员对练习的步骤、内容的选择、器材的分布、人员的组织、训练过程的时间等内容的调整和安排。

4. 信息媒体及其传递方式

是指教练员在开展训练和指导工作过程中，使用的不同信息手段和信息传递方式，包括影视、挂图、语言、观摩、图视等。

5. 外部条件及其变化方式

是指训练工具、训练器材、训练设备、训练场地、训练气氛等因素的变化和影响。

在竞技运动训练过程中，这五种因素共同组成了许多不同类型的方法。如果因素的组合出现了变化，那么训练方式也会出现变化和创新。

### （二）竞技运动训练方法体系的基本分类

竞技运动训练使用的方法是多种多样的，我们可以从不同的标准出发，建立不同的分类体系。

第一，如果从提升竞技能力的角度出发，我们可以将训练方法分为战术能力训练方法、技能训练方法、体能训练方法，如果再向深处细分，可以分为耐力训练方法、速度训练方法、力量训练方法等。

第二，如果从训练内容的组合特点出发，我们可以将训练方法分为循环训练法、变换训练法、完整训练法、分解训练法等。

第三，如果从训练负荷与间歇的关系出发，我们可以将训练方法分为间歇训练法、重复训练法、持续训练法。

第四，如果从训练负荷和代谢的角度出发，我们可以将训练方法分为无氧/有氧混合训练法、有氧训练法、无氧训练法等。

第五，如果从训练时不同的外部条件出发，我们可以将训练方法分为加难训练法、助力训练法、示范训练法、语言训练法等。

第六，如果从不同训练方法的具体作用和适用范围出发，我们可以将训练方法分为具体操作方法、整体控制方法等。具体操作方法包括 8 种具体的操作训练方法，即循环训练法、变换训练法、重复训练法、间歇训练法、持续训练法、分解训练法、完整训练法。整体控制方法主要有两种整体的思维方法，分别是模式训练法和程序训练法。

## 二、竞技运动训练体系的应用——竞技训练手段

### （一）竞技运动训练手段的含义

竞技运动训练手段是一种身体练习，是为了提升竞技运动能力、完成训练任务。这是一种具体的、目的较为明确的竞技运动训练方法，是竞技运动训练方法的一种具体表现。

### （二）竞技运动训练手段的作用

在实际的运动训练活动过程中，教练员和运动员都会使用一种较为具体的手段完成某一项训练的任务，从而达到提升竞技能力水平的目的。随着竞技运动训练水平的不断提高，竞技运动的水平也在不断地提升。不同类型的训练手段具有不同的作用和功能，我们应该以科学、合理的视角，使用不同类型的训练手段，从而完成不同阶段的具体的训练任务，帮助不同运动项目的运动员共同提升竞技水平和能力。

### （三）竞技运动训练手段体系

1. 竞技运动训练手段的基本结构

我们对于训练手段的分析，可以从以下的三个方面进行，分别是动作特征、动力构成、动作过程等。

（1）动力特征

动力特征包含了三个要素，分别是力的支点、力的大小和力的方向。

（2）动作构成

动作构成包含七个要素，分别是动作的姿势、轨迹、时间、速度、速率、力量、节奏。

（3）动作过程

动作过程有三个不同的阶段，分别是动作开始、进行和结束。因为动作的各个要素一直处于一个变化的状态，所以又会出现不同类型的训练手段。

2. 竞技运动训练手段的基本分类

竞技运动的训练手段呈现出多元化的特征，因此，可以根据不同的分类标准建立不同的分类体系，具体细节如下所述：

（1）根据训练目标的不同

竞技运动的训练手段可分为促进身体素质发展的训练手段、提升技术水平的训练手段、增强战术技能的训练手段以及改善心理状态的训练手段。

（2）针对训练手段对专项能力的影响

我们可以将其划分为一般训练手段和专项训练手段，以便更好地评估其效果。

（3）根据其在训练活动中的实际应用价值

可将其归为基础训练手段和辅助训练手段两大类。

（4）根据动作结构的特点

训练手段可分为单一结构和多元结构两大类，其中单一结构训练手段包括周期性和混合性练习；而多元结构训练手段则包括固定性和变异性练习。

在竞技运动实际训练过程中，教练员常常会训练任务的类型，运用不同的分类系统来挑选具体的训练方法。

### （四）竞技运动训练手段的应用

1. 周期性单一练习手段的应用

（1）周期性单一练习手段的含义

周期性单一练习手段指的是通过周期性地重复，进行单一结构动作的身体训练，来提高身体素质的一种训练方式。它是通过反复地做同一类型或相似性质的运动，来发展肌肉力量和关节灵活性的一种方法。由于其动作的难度较低，这类练习能够让练习者快速地掌握。

（2）周期性单一练习手段的具体应用

周期性的单一练习可以划分为全身周期性练习和局部周期性练习两类。全身的各个部位都在按照一定的周期性运动状态进行训练，这种训练被称为全身周期性练习；局部周期性练习是指受特定环境影响而出现在一定时间内，并以相同频率重复进行的一种训练手段。

2. 混合性多元练习手段的应用

（1）混合性多元练习手段的含义

将单一的结构动作混合在一起就形成了混合性多元练习手段。混合性多元练习手段能够帮助运动员提升对技能的了解，并将不同动作联系起来，达到掌握更为复杂动作的最终目的。

（2）混合性多元练习手段的具体应用

混合性多元练习手段可被归为两种类型，一种是全身混合性练习，另一种则是针对局部的局部混合性练习。

3. 固定组合练习手段的应用

（1）固定组合练习手段的含义

将多种身体训练手段以一种固定的方式组合起来，就形成了固定组合练习手段。它可以通过反复多次训练而形成稳定型的练习方法。采用此练习方案，可轻松学习并运用一套固定组合的练习动作，从而使练习动作更加熟练、娴熟；获取与技术动作相契合的运动机制和节奏，从而有助于提升运动员的运动能力。

（2）固定组合练习手段的具体应用

①有氧健身操练习

按预先编排动作，进行包括各种跳跃、滚翻和换步跑动动作在内的成套动作的组合动作进行练习。

②各种自选拳练习

根据武术规则，将各种拳法、腿法和身法动作编排为成套的自选拳组合动作进行练习。

③各种协调性练习

将各种脚步动作、跳跃动作和滚翻动作有机地编排成为各种成套的组合动作进行练习。

④彩带操螺形基本技术练习

将不同方向、不同部位的水平螺形与垂直螺形变换的组合练习。

4. 变异组合练习手段的应用

（1）变异组合练习手段的含义

在多元动作的结构下，将不同类型的练习手段以变异的形式组合，就形成了变异组合练习手段。通过这一组合练习手段的训练，运动员将会更加灵活掌握运动的过程，从而提升对复杂状况的应对能力；可以提升运动战术的实际应用能力；可以提升和运动战术、运动技术比较匹配的运动能力。

（2）变异组合练习手段的具体应用

变异组合练习手段主要包括完整变异组合和局部变异组合练习两种类型。

①完整变异组合练习

A. 各种格斗性对抗练习

摔跤、散手、拳击等格斗性项目的半场或全场实战练习。

B. 各种同场性对抗练习

篮球、足球、手球等同场性项目的半场或全场实战练习。

C. 各种隔网性对抗练习

排球、网球、羽毛球等隔网性项目的半场或全场实战练习。

②局部变异组合练习

A. 进攻战术配合练习

在设置防守对手的情况下，专门进行少人或多人的某几种进攻战术配合应用的练习。

B. 防守战术配合练习

在设置进攻对手的情况下，专门进行少人或多人的某几种防守战术配合应用的练习。

## 第三节　竞技运动的体能训练内容与创新

运动员的身体素质、机能和运动能力的综合表现，构成了体能。体能训练是通过采用多种有效的手段和方法，对运动员的身体施加正面的影响，以促进其身体素质的提升。在现代竞技运动训练系统中，体能训练作为一个不可或缺的组成部分，扮演着重要角色。

### 一、体能训练概述

#### （一）体能训练的基本内容

体能包括了三项最基本的内容，分别是形态、机能、素质。下面我们对这三项内容进行逐一地分析：身体形态是运动员本人的外在形态，如四肢和躯干的比例、四肢的围度、胸围、体重、身高等；机体机能是指人系统的基本功能、身体的不同器官等，如神经系统的灵活性、关节的具体活动范围等；运动素质是运动员在具体的活动中，所体现出来的和运动有关联的能力，如跑动、跳动的能力。运动员的形态、机能、素质是相互关联的关系，其中，一种要素的发展会影响到整体体能的发展水平。在这三种构成的要素之中，运动素质是最外在，也是最为表面的体现。在具体的实践中，体能训练的主体部分是发展运动的素质，我们可以将运动素质作为主要的方法和途径，从而达到提升运动员身体形态和身体内部素质的目的。

竞技运动的体能训练能够从根本上提升竞技的整体能力。这种特殊的意义不仅说明了这是现代竞技运动发展的根本趋势，而且也能够体现在许多运动项目的训练特点之中。运动员的体能训练并不是一种独立的训练，而是和运动员的心理训练、智能训练、战术训练、技术训练等存在着密切的联系。总而言之，如果从竞技能力的角度分析，体能训练的主要内容是由两部分内容构成的，分别是运动素质的训练、机体机能的训练。其中，运动素质的总体方向是由机能的训练内容所决定的，运动素质的训练内容也在对机体的机能产生着较大的影响。所以我们说，体能训练的关键和重点是机体机能和运动素质。因此，我们很有必要勾勒出竞技能力的体能要素的基本组成。

### （二）体能训练的基本分类

体能训练，也称身体训练。不同类别的体能训练对促进运动员身心健康有着明显作用，同时也会影响比赛成绩。体能训练的分类是制订和实施训练计划的重要依据之一，其重要性不言而喻。在竞技运动的训练过程中，为了提高运动员的身体素质、改善身体形态、全面发展运动水平、增强身体健康和提高身体机能水平，运动员需要进行多种形式的身体训练，这些训练活动被称为一般性体能训练；专项性体能是指为完成特定的项目任务而采取的不同形式的体能锻炼活动。体能训练的根本目的在于确保所采用的身体训练方式的恰当性。

身体训练作为一种多样化的训练手段，因其训练价值的差异而形成了多种不同的身体训练类型。一般而言，根据力学特性的不同，身体训练可被归为两类，一类是以动力为主导的训练，另一类则是以静态为基础的训练；根据动作结构的呈现方式，可将其归为具有周期性、非周期性和混合性的不同练习类型；根据运动素质的特点，可以将其划分为力量、耐力、速度、柔韧和敏感等多个方面的训练；根据负荷强度的不同，我们可以将其划分为四个等级的训练：极限强度训练、次极限强度训练、大强度训练、中强度训练，以及小强度训练。由此可知，身体训练的种类相对较为繁多。在实践中，缺乏严格的分类指导训练的规定，因此需要根据具体情况进行分类。然而，在进行体能训练时，需要特别关注动作规格、负荷性质和负荷强度等方面。因为体能训练的目标不同，所以在选择何种体能训练分类时，需要考虑不同的因素。

在实践中，体能训练的核心目标是通过提高运动素质来促进身体形态的改善和机体机能的提升。所以素质训练才是体能训练中的核心内容。根据运动机能的基本特征，我们可以将运动素质分为两大类，即基本运动素质和复合运动素质。其中，基本运动素质指的是那些具有某种运动机能特征或在某一方面占据主导地位的素质；复合运动素质则包括多种运动机能的综合作用于某一具体项目所形成的特殊生理特性的素质。复合运动素质指的是那些具备至少两种不同的运动机能特征的综合素质。这两类不同性质的运动素质之间既有区别也有联系，是相互独立但又紧密相连的。一般而言，基本的运动素质包括力量、耐力、速度和柔韧，而复合素质则涵盖了灵敏和弹跳力。

### （三）体能训练的结构分析

体能训练是一项旨在培养人体机能潜力和相关体能要素的高强度、长时间、大负荷持续工作能力的训练，以应对艰苦环境下的挑战。体能训练具有明显的阶段性特征，一般分为准备阶段、恢复阶段和强化阶段三个阶段。为了激发运动员的潜能，提高整体运动素质和培养努力拼搏的精神，体能训练注重对人体各器官和机能系统进行超负荷适应训练，以促进身体和心理的适应。体能训练包括力量、速度、耐力等项目的专项素质，以及柔韧、协调、灵敏等身体形态结构方面的训练，它既包含传统训练方法又涵盖现代技术动作练习方法。体能训练是一个可持续的、动态化的系统，它以明确的训练目标为基础，根据训练者的具体情况和训练目的，有针对性地进行分阶段的体能训练。

从田学礼学者的相关论述出发进行分析，我们可以发现体能训练的结构主要由三个相互联系、相互影响的子系统组成，分别是基础体能训练、专项体能训练、综合体能训练。这三个子系统，并不是按照时间上的先后顺序进行，而是根据运动员的训练水平、训练目标的实现等多方面因素，有计划地安排和规划训练内容和层次，从而形成了三个子系统的结构划分。

第一，在体能训练的体系中，最基础的子系统即基础体能训练，相当于金字塔的最基础一层，涵盖了力量、速度、耐力、灵敏性等身体基本素质的双重层面，是基础体能训练的核心要素，并且也是对专项能力与技术动作的培养和发展训练，它是基本体能训练的重要组成部分。智力提升训练涵盖了各种运动和相关知识的训练，为科学化、系统化的训练进程提供了有力的指导。

第二，第二个子系统为专项体能训练和行业体能训练，专项体能训练是指项目中存在的特色，如足球、篮球等；行业体能训练是指不同行业的训练，如警察、军人等。在第二个子系统中，训练需要一定的行业特点或者是专项特点作为方向，这样才能体现出专项或者是行业的具体特点。专项体能训练包括两个层面的训练，分别为运动员自身的体能训练、抗外部干扰的体能训练，抗干扰体能训练的指向性更为明显，因为抗干扰体能训练的专项指向性更为明显，比如，为了能够在寒冷的地方参与各种比赛，在日常的训练中，就要更有针对性地开展抗寒冷体能训练；为了能够在海拔高的地方参与比赛，就要训练自己的抗缺氧体能；为了适应空军的体能训练，就要开展抗眩晕、抗寒冷等类型的训练。

第三，作为体能训练系统的最尖端系统，第三个子系统涵盖了全面的体能训练。它将运动员的体能水平和专项技术技能有机结合起来，形成一个完整的体能体系，从而为运动员提供全方位的支持。通过这一过程的训练，将体能训练与实战比赛或行业工作融为一体，从而实现体能训练的综合化和熟练化。在训练的过程中，可以通过对比赛和工作场景的模拟，开展体能训练，也能够观看行业内的竞赛，从而不断提升训练的强度。

### （四）体能训练的基本原则

#### 1. 系统性原则

运动员在长期的训练过程中，必须遵循体能发展的内在规律，制定相应的合理规划，并持续不断地进行训练，直至达到运动生涯的终点。它是教练员指导训练工作的重要指导思想之一，也是保证竞技体育水平提高和延长其运动生涯不可缺少的因素之一。在进行体能训练时，系统性原则要求教练员对体能训练做出系统性的规划，还需要对多年不同发展阶段的训练内容、比重、手段和负荷等方面进行系统安排，特别是在运动员的青少年时期以及他们取得较好的成绩后，更需要作出周密的计划。

2. 全面性原则

在推进专项运动技能的同时，必须全面规划和充分培养运动员的各项运动机能，尤其是在运动员身体快速发育的时期，更应全面提升运动员的运动素养，增强身体的机能，以推动运动成绩的进步。在儿童和青少年的训练阶段，全面性原则是一项重要的指导原则。相反，随着运动员专业技能的不断进步，他们的训练也应该朝着更加专业化的方向不断发展。这不仅可以保证运动员获得良好的竞技能力，而且有助于他们掌握更多的基本技术，为以后更好地发挥自身潜能奠定基础。此外，全面体能训练还能为运动员带来一定的趣味性，激发运动员的练习兴趣，并在专项训练中发挥调节作用。

3. 结合专项原则

为了推动运动员直接创造卓越的专项运动成绩，体能训练必须根据各运动项目的技术、战术和专项能力特点，全面发展专项所需的运动素质，以确保在一般发展的基础上达到最佳效果。专项原则就是通过对具体专项动作的研究而确定的一个基本指导思想。在专项训练中，技术和战术练习是不可或缺的组成部分，而体能训练则是为这些练习提供坚实基础的重要手段。体能训练必须与专业技能和战术紧密结合。通过专项体能训练可以培养良好的心理素质和顽强的意志品质。通过开展专项体能训练，运动员能够适应该运动项目在身体形态和机能方面的独特要求，从而提高专项成绩。目前，许多项目运动员的年龄出现降低的趋势。例如，科马内奇、伏明霞等 12 岁就已成为知名运动员，苏莱曼诺夫在 15 岁时就已经多次打破世界纪录，体能训练必须在结合专项训练的基础上开展。

4. 从实际出发原则

在制订体能训练计划时，必须考虑个体差异、项目差异，以及时间因素的影响，以确保计划的合理性和有效性。考虑训练对象的个人特质、比赛要求和所处的训练环境等实际情况，我们需要根据不同因素的特点作出安排。为了实现提高专项成绩和技术水平的最终目标，体能训练必须根据实际情况有针对性地进行，以确保训练效果最大化；既不能盲目地追求高速度、高力量，也不要过分强调大强度、高强度的训练，更不可以为了追求快速而牺牲了身体机能能力的恢复和改善。在考虑到运动员的主观和客观条件以及专项需求的前提下，合理规划和安排体能训练的内容和负荷，以达到最佳效果；还要注重对运动员生理机能水平身体素质的培养，并注意克服由于运动量过大造成的疲劳现象。此外，为了满足提高运动技术水平的需求，必须实现运动员在各个方面的运动素质的比例平衡发展。

### （五）体能训练的重要意义

在竞技运动训练中，体能训练扮演着不可或缺的角色。它既包括一般身体素质和专项身体能力，又包含各种专门性技能的训练。不同项目的运动员都采用适合这一项目的训练策略，以提高机体机能水平、增强健康和发展运动素质为目标。此外，体能、技术、战术、心理和智能等多个方面的训练相互交织，共同构成了一个完整的综合训练体系。

#### 1. 良好的体能训练是技战术训练和提高运动成绩的基础

体能训练是一项综合性的训练过程，旨在促进运动员有机体各器官系统的协调发展，使其具备全面的专业竞技运动能力，因为不同的运动项目对运动员的具体要求也不同。在短跑项目的比赛中，运动员需要展现出卓越的爆发力、敏捷的反应速度、快速的移动能力和专业的柔韧性，同时需要具备高度的协调能力，以应对快速运动的挑战；长跑则要求运动员要掌握耐力性的基本活动技能和提高速度耐力。对于体操、武术、拳击和球类等运动而言，其对所有运动素质的要求极高，而某些技术动作也反映了运动员的综合素质。从某种意义上说，任何一个体育项目都离不开它所依赖的各种身体素质的支持与保障。举重运动的独特之处在于，运动员需要在最短的时间内释放出最大的力量，这需要他们不仅具备强大的体能基础，还需要掌握高超的技巧，而这些技巧的实现取决于他们身体素质的高度发展。另外，各种体育运动项目也具有其独特的训练方法和手段，如速度滑冰需要采用多种练习方法来提高肌肉耐力水平，足球要采取不同强度的比赛负荷进行锻炼等。唯有在全面发展各项运动素养的基础上，方能娴熟掌握日益复杂的技术，而体能训练则是实现此目标的根本保障。

2. 良好的体能训练是运动员承受大负荷训练和高强度比赛的基础

现代竞技运动需要运动员通过高强度的训练和对有机体生物学的长期学习，掌握精湛的专业技能和战术，方能在重大比赛中获胜并取得卓越成绩。目前，世界各国都十分注重对运动员身体素质和基本技战术素质等方面的全面训练，以取得最佳竞技状态。据李富荣介绍，韩国运动员非常注重对身体素质的培养，在某些阶段，体能训练所占比例甚至高达 70%，这一数字令人惊叹。他们为所有运动员提供专业的体能指导，以确保他们在比赛中表现出色。美国职业篮球联赛的教练一直高度重视球员的身体素质训练，因为如果缺乏身体素质的支持，球员将无法在激烈的比赛中取得胜利。自首届奥林匹克运动会至今，竞技运动训练已经历了自然演化、新技术广泛应用、高强度运动和多学科综合利用等多个阶段。随着科学技术水平的提高以及体育运动项目自身规律的变化，未来体育将进入以科学化为主的综合训练时期。在科学训练阶段，现代科技成果被广泛应用于竞技运动训练，以科学系统的方式监测训练过程，并确保高负荷的训练效果。通过进行专业的体能训练，使运动员在提升负荷水平的基础上，能够胜任训练和比赛对有机体的所有要求。

3. 良好的体能训练是运动员在训练和比赛中保持稳定、良好心理状态的基础

在获得胜利的所有因素中，竞技能力扮演着至关重要的角色，它受到智力、心理、战术、技术、运动素质、身体机能、身体形态等多个方面的综合影响，其中，心理因素对竞技成绩起决定性作用。高水平的体育比赛往往是以一场或两场以上的大竞赛作为基本形式，这就要求运动员具有较高的心理素质，才能战胜对手并取得胜利。随着运动员水平的不断接近，人们的心理素质变得越来越重要。一个优秀的运动员必须具备良好的身体素质和顽强的意志品质，以及高度的自信心和进取心等心理品质。优秀的身体素质可以确保队员在激烈的对抗中获得优势，从而使运动员在比赛中表现出良好的心态，为获得竞赛的胜利打下坚实的基础。

4. 良好的体能训练有助于预防伤病，延长运动寿命

运动员在进行竞技运动训练时，身体健康是必不可少的前提条件，只有保持良好的身体状况，才得以开展科学、系统的训练。在《延长运动寿命的主因透析》一文中，刘建和提出了确保训练效果的必要性。体能训练就是通过合理的训练方法和手段，不断改善运动员的身体素质，从而达到延长运动寿命的目的。通过体

能训练，运动员的心血管系统和呼吸系统的机能得到有效提升，同时，骨骼、肌肉、肌腱和韧带等运动器官的功能也得到了增强，中枢神经系统的机能也得到了发展；它不仅可以调节体内生理平衡状态，改善组织结构及血液循环系统状况，而且还能通过影响内分泌系统和免疫系统来调控身体各器官系统的活动。通过上述作用，体能训练可以有效提升运动员的身体机能和抵抗力，从而有效促进身体状态的稳定，预防伤病的出现，并延长运动生涯。

一般体能训练和专项体能训练是两种不同的体能训练方式，其中一般体能训练作为专项体能训练的基石，为身体素质的提升提供了重要的支持。在一般的体能训练中，会使用多种类型的非专项身体训练方式，对运动员的身体形态进行改造，以促进运动员的身体健康、锻炼身体机能和促进运动素质的全面发展。在进行专项体能训练时，应根据专项的实际需求，采用与专项关系十分密切的身体练习，从而改善能够促进成绩提高的运动素质。

## 二、力量素质训练

### （一）力量素质的内涵

#### 1. 力量素质的概念

根据国际运动医学委员会的定义，肌肉力量是指在一定的速度条件下，单个肌肉或肌群所产生的最大力量或转动力矩。这一表述不仅包括人体各部分肌肉所具有的各种特性及功能，还涉及肌肉收缩时受到阻力与摩擦力作用的情况。随着科技的不断进步，科学研究越来越注重从实际操作的意义考虑，对一些概念作出清晰的定义，这也从运动医学对肌肉力量的定义中得到了体现。一些学者主张，力量源于肌肉的紧张状态，是为了克服机械力和生物机械力的阻碍，并和它们产生对抗性，从而确保行动效果的稳定。

#### 2. 力量素质的分类

根据力量素质与运动专项之间的联系关系，我们可以将力量分为两种类型，分别为一般力量和专项力量；根据力量素质与运动员体重的相关性，可以将力量划分为绝对力量和相对力量两个范畴；根据不同类型体育活动需要的力量素质不同，可将力量划分为三个类型，分别是力量耐力、快速力量、最大力量。我们在下文将深入探讨如何对最大力量、快速力量和力量耐力进行评估，并提供相应的训练策略。

（1）最大力量及其发展影响因素

最大力量是人身体或身体的某部分克服阻力的力量。在人的身体上，主要表现为肌肉收缩和神经兴奋的程度较高。为了提升最大力量，我们一般会采用增加附加重量方法。对总负荷产生影响的因素是多样的，有间歇时间、练习重复次数和组数、负荷重量等，可以用总负荷 =（负荷重量 × 次数）× 组数这一个公式进行概括性的说明。提升负荷的强度训练能够对人体产生一定的刺激，并帮助人体提升最大力量。运动员的最大力量水平会对投掷等项目的运动成绩产生一定的影响。我们在考虑最大力量这一因素时，并没有考虑体重的因素。所以，投掷运动员一般体现为肌肉力量、体重、肌肉横断面的扩大。

（2）快速力量及其发展影响因素

人体在进行快速动作时所表现出的力量和速度的综合素质，即所谓的快速力量，其典型表现形式为瞬间爆发，并在最短的时间内释放最大的能量。它主要由肌纤维弹性能、肌耐力及神经兴奋性三个因素决定。表现为肌肉的强烈收缩，其收缩和放松之间转换的时间不够充足。通常情况下，衡量爆发力的指标是速度力量指数，该指数可表示为 $I=F/t$，其中 $I$ 代表的是速度力量指数，$F$ 代表肌肉所产生的收缩效应，$t$ 代表缩短所需要的时间。提升肌肉的肌肉力量和收缩速度，是发展速度力量的最终目的。速度力量的基础在于肌肉所具备的强大的肌肉力量。如果肌肉没有产生足够的能量来提供所需要的肌力，就不能使动作得以完成。根据力量与速度变化之间的关系，我们可以发现，速度力量的表现形式有三种，首先，在保持动作速度不变的前提下，通过增加力量来实现；其次，在保持力量不减的前提下，提升动作速度；最后，将加快速度和增加力量的过程同时进行。

（3）力量耐力及其发展影响因素

人体在面对一定的外部阻力时，所表现出的力量耐力是指其能够持续不断地进行长时间或多次重复的能力，以达到最优的效果。它是一种复杂而持久的全身反应过程。当克服外部阻力时，肌肉的收缩强度显著增强，交替的收缩和放松时间缩短，而且这个过程会维持一个相当长的时间，或在整个动作和运动过程中不断重复出现。为了培养肌肉的力量和耐力，通常会采用负荷较轻、重复次数较多的训练方法，以使肌肉能够在一个稳定的范围内持续收缩。当次数不足时，应考虑提高负荷的质量以确保训练的正常开展。

**（二）力量素质训练的基础**

力量素质基础主要是指影响力量发展的因素。在实践中，力量素质发展受肌肉横断面积、单位横断面积的肌纤维密度、髋关节杠杆的机械效率、同时收缩的肌纤维数量、肌纤维的收缩速度、肌纤维兴奋的同步化效率、神经纤维的传导速度、与运动无关的肌纤维抑制程度、大直径肌纤维激活的比例、不同类型肌纤维协作的效率、各种牵张反射的效率、作用于肌肉的神经纤维的兴奋阈值和肌肉收缩前的初长度等因素的影响。神经过程的强度、白肌纤维及其比例、能量储备特点、性激素的影响、肌肉收缩前的初长度效应等因素，对力量素质的影响最大。认识和掌握这些影响因素的内在特点，不仅有助于科学地发展相关的机体机能和力量素质，而且有助于科学地选择力量素质训练的方法和手段。

神经过程的强度往往决定着肌肉参与收缩的运动单位的数量。如前所述，肌肉活动是受神经系统支配的，每块肌肉都具有一定数量的、由神经纤维末梢与若干肌纤维相连并组成的运动单位。通常，肌肉中运动单位并不全部或同时导致肌肉收缩，而是在神经系统的支配下，部分地、有序地调节肌肉活动。但是，在从事竞技运动的训练或比赛中，肌力会随着神经过程的强度的提高而提高。这是因为神经强度愈高，神经系统向肌肉发放的神经冲动和频率愈强，肌肉中被动用的运动单位数目也就愈多，并趋于同步支配肌肉收缩，因而产生的收缩力则愈大。因此，力量素质训练必须唤醒和提升神经过程的强度，以此达到募集更多运动单位参与力量素质训练的目的。唯有如此，力量素质才能得到有效提高。

白肌纤维又称快肌纤维。它具有收缩速度快、收缩力强的特点，是力量素质表现的主要物质基础。研究发现：白肌纤维数量多、直径大，往往所表现出来的力量素质水平就高。与其他项目相比，从事力量性项目运动员的白肌纤维比例具有显著优势特点。白肌纤维的数量或比例具有遗传度较高的特点，但是，通过适宜的力量素质训练，可以引起肌纤维选择性的肥大。另外，有研究表明，不适宜的力量素质训练有可能使亚类纤维的性质转向红肌化，科学的力量素质训练可使亚类纤维白肌化。显然，力量素质训练特别强调训练方法的正确运用。实验材料证明，极限负荷强度或次极限负荷强度的力量素质训练，可以提高白肌纤维的收缩质量，进而有助于爆发力的发展。小负荷强度训练则较易发展力量耐力。

ATP、肌糖原、蛋白质储量对于力量素质的影响显著。蛋白质是肌纤维的重要部分，其含量越多，肌纤维充实程度越高，纤维直径就越粗；ATP、CP含量越高，肌纤维维持快速的收缩速度时间就越长，收缩功率就越高。因此，从能量代谢角度上讲，发展力量素质的关键因素之一是提高肌肉中ATP、CP、肌糖原和蛋白质的含量以及代谢能力。另外，性激素的影响亦是显而易见的。成年男女在力量素质上可表现出明显的性别差异，引发这一差异现象的重要原因是男女雄性激素具有显著差异。雄性激素是人体蛋白质合成的一种重要激素，它有助于增加肌肉中蛋白质的含量，提高肌肉质量，同时有助于抑制脂肪堆积。正因为它具有这样的作用，促成了男性肌肉发达、女性肌肉纤细的特点。

### （三）力量素质训练的基本方法和基本要求

#### 1. 力量素质训练的基本方法

（1）等动力量素质训练方法

等动力量素质训练方法又称等速力量素质训练方法。此方法是指采用专门抗阻力量素质训练设备，让人体在活动范围的动作是基本保持不变的。该方法最显著的特点，在于人体在受到外部负荷刺激时所产生的生理反应强度在人活动的过程中始终是稳定的，从而使得不同角度的肌肉可以呈现出最大的力量。此方法的优点是：肌肉最大用力可以始终贯穿于全部动作过程，肌肉张力时值总和可以显现最大值，肌肉所受到的刺激量最大；对于提高绝对力量（最大力量）的训练价值，负荷强度不必安排在最大重量强度上也可以取得提高最大力量的训练效果；练习后，有关肌肉的酸疼感觉相对较轻；对有关部位的小肌群、弱肌群或其他方法不容易训练到的深层肌群都有直接训练的价值。

此方法对于外阻力系数较大的项目，如游泳、潜水、划船、自行车等具有其他方法无法比拟的效果；对于骨骼肌拉伤后的恢复，具有明显的康复价值；与其他方法相比，在同等时间内使最大力量的发展取得更好的训练效果。或者说，可在较短时间内，在最大力量发展方面取得与其他训练方法同等功效的训练结果。此方法的缺点是：对于爆发力、动作速度要求很高的运动项目（如田径的跳跃和排球的扣球起跳动作等），则不宜过多采用。原因是此方法的本质是在损失动作速度的情况下，通过始终进行最大用力过程来提高力量素质，这有碍于技术动作的速度提高。因此，对于爆发力要求很高的项目，应适当地控制采用此法。不过此法有助于科学提高跳跃项目中肌肉被迫退让收缩的力量。

（2）等张力量素质训练方法

此方法是指抗阻力训练时肌肉以克制性工作方式呈现向心收缩时，肌肉长度发生缩短而张力保持不变的力量素质训练方法。此方法当肌肉收缩中所承受的负荷小于肌肉收缩力时可使物体产生位移，因此可以做功。此方法最大特点是动作速度快、功率大（W=FS/T）。此方法优点是：可以利用刺激强度的不断累积，提高最大力量和爆发力；动作起始阶段的肌肉张力水平最大，对于提高动作速度和爆发力均具有直接的训练价值；便于运用多种练习手段，提高多关节运动的技能储备量。此方法缺点是：力量素质训练的肌张力最大值的时值较短，每次动作刺激总量较低，且不能使肌肉在连贯动作过程中使各关节角度呈现出最大用力；不宜训练小肌肉和弱肌群，如果动作不够规范容易出现伤害事故。

（3）等长力量素质训练方法

等长力量素质训练方法又称静力性力量素质训练方法。此方法是指人体采用相对静止的动作，利用肌肉收缩长度不变、张力变化的特点进行训练的练习方法。此方法最大特点是物理上表现的功为零，但生物体存在做功的功能。此方法的优点是：动作简单易行，无须复杂的训练器材，对于提高静力性的最大力量效果明显；对于提高小肌群、弱肌群颇为有效；负荷强度与肌肉张力的增加成正相关性；对于软组织损伤康复具有积极作用。此方法缺点是：对于各种速度力量、爆发力要求甚高的运动项目，不能作为主要训练方法；过多采用此法，易使肌肉失去弹性，形成爆发力的发展障碍，从而难以继续提高；易使肌肉横断面增加，并与毛细血管的发展出现失衡的状态，容易影响肌肉代谢物质的交换。

（4）超长收缩力量素质训练方法

对于长时间的肌肉收缩，采用增强式或反射性力量素质训练方法进行训练，是一种高效的训练方式。它们也被称为超长收缩力量素质训练方法。这种训练方法通过利用肌肉牵张反射性、收缩性、肌肉弹性，来激发神经系统的感觉，从而产生一种兴奋和冲动的感觉，进而吸引更多的运动单位参与到收缩的过程中，从而增强肌肉的收缩力，最终达到提高爆发力的效果。最典型的训练超长收缩力量素质的方式之一，便是跳深练习。这一练习的优越之处在于，它能够更加强烈地激发肌肉的张力，从而产生更为显著的峰值；提升肌肉在被迫退让阶段的抗拉力水平；有效提升肌肉在向心收缩时的收缩速率。这一训练方法和技术对促进运动员爆发力水平有明显效果，而且能够缩短专项运动时间。在实践中，各种跳跃练习都有这一训练方法的身影。该方法的不足之处在于，若其动作结构存在缺陷，可能会导致肌肉纤维受到伤害。此法不宜过度使用，特别是对于肌肉力量较弱的未成年人而言。

2. 力量素质训练的基本要求

（1）注意不同肌群力量的对应发展

根据专项竞技的需要，在主要发展运动员大肌群和主要肌肉群力量的同时，也要十分重视小肌肉群、远端肌肉群、深部肌肉群的力量素质训练。

（2）选择有效的训练手段

应根据完成训练任务的需要，正确选择有效的训练手段，规范并明确正确的动作要求。例如，发展股四头肌力量，可选择负重半蹲起的练习，应要求运动员在练习时双脚平行或稍内扣站立，以求有效地发展股四头肌的力量。

（3）处理好负荷与恢复的关系

第一，在一个训练阶段中，负荷安排应大中小结合，循序渐进地提高负荷量度。

第二，在小周期训练中，应使各种不同性质的力量素质训练交替进行。例如，每周星期一、星期三、星期五可安排发展爆发力或者最大力量为主的训练。

第三，在每组重复练习中，注意组间的休息。一般而言，训练水平低的运动员组间休息要长些。

第四，力量素质训练后，要特别注意使肌肉放松。肌肉在力量素质训练后会产生酸胀感，肌肉酸胀是肌纤维增粗现象的反映，也是力量增长的必然。但应积极采取措施消除肌肉的酸胀感，以利于减少能量消耗，并更好地保持肌肉弹性。

（4）注意激发练习的兴趣

中枢神经系统所释放的神经冲动强度与肌肉工作力量的大小息息相关。随着神经冲动强度的增加，肌纤维参与工作的数量和强度也随之增加，从而导致冲动更加集中，运动单位的同步化程度也会随之提升，表现出的力量也随之增强。因此，在实际的训练过程中，应当从根本上激发运动员对训练的热情和主动性，以达到提高力量素质训练效果的目的。爆发力的训练需要更高的神经系统兴奋性水平。

## 三、速度素质训练

### （一）速度素质的内涵

#### 1. 速度素质的概念

速度素质是指人体或人体某部位快速运动的能力，也就是人体或人体某一部位快速做出运动反应、快速完成动作、快速移动的能力。不同国家的学者对速度素质有不同的认识，综合来看，速度素质包括三个方面：运动时人体对各种信号刺激的快速反应能力，快速完成动作的能力，快速通过一定距离的能力。

#### 2. 速度素质的分类

加拿大的图多·博姆帕（Tudor Bompa）、德国的 D. 哈雷（D.Harley）、M. 文普特曼（M.Wenputman），以及中国的田麦久等在近年来发表的专著中，都从速度素质的性质特点去划分。基本上将速度的外延归为三类，即反应速度、动作速度和位移速度。

（1）反应速度

反应速度是指人体对各种信号刺激（声、光等）快速应答的能力，即人体对各种刺激发生反应的快慢。例如，短跑从发令到启动的时间；球类运动员在瞬间变化情况下作出反应的快慢。而反应速度又可分为简单反应速度和复杂反应速度。用一种事先规定的动作对单一信号做出反应称之为简单反应。如前面列举的短跑起跑反应。对运动中客体（如对方运动员）变化所作出选择反应的速度称为复杂反应速度，如球类运动员在比赛场上防守对方队员进攻的反应。

（2）动作速度

动作速度是指人体或人体某一部分快速完成某一个动作的能力。以人体或人体的一部分完成单个或成套动作时间的长短来表示。如排球运动员的扣球速度；投掷运动员掷出器械的速度；体操、武术运动员完成成套动作的速度等。动作速度也可用频率即单位时间内所完成的动作数量来衡量。动作速度是技术动作不可缺少的要素，表现为人体完成某一技术动作时的挥摆速度、击打速度、蹬伸速度和踢踹速度等，此外，还包括在连续完成单个动作时，在单位时间里重复次数的多少（即动作频率）。

（3）位移速度

位移速度是指人体在特定方向上的位移速度。通常也用通过一定距离的时间或单位时间内所通过的距离来表示。如短跑运动员的跑速和跳高运动员的助跑速度等。其以单位时间内机体移动的距离为评定指标。从运动学上讲，是距离与通过该距离所用的时间之比。一名具有良好位移速度能力的运动员，并不一定也具有良好的反应速度。如在 1980 年莫斯科奥运会上 100 米赛跑决赛中，金牌获得者是英国运动员艾伦·威尔斯（Allan Wells），成绩为 10.25 秒，但他的起跑速度为 0.193 秒，是参加 8 名决赛选手中最慢的一个，而第 8 名运动员潘卓（法国），起跑速度高达 0.130 秒，是 8 名运动员中最快的一个。

### （二）速度素质训练的基础

速度素质训练的基础在于深入探究影响速度发展的生物学机制。

疲劳训练不良效应、速度心理感知能力、肌纤维的物理特性、高能物质的储备量、白肌纤维，及其比例、神经过程的迅速性等多种因素共同作用，对速度素质的发展产生着深远的影响。神经过程的迅速性对速度素质的发展产生了显著的影响。速度素质的神经基础在于神经过程的兴奋和抑制转换速度，这种速度直接决定了肌肉收缩和舒张交替的过程。鉴于神经系统在人体中占据支配地位，改善其功能成为提升速度素质的首要前提。另外，中枢神经系统也参与了运动技能形成的整个过程。从人的婴幼儿至青年时期，这种转化能力逐渐下降。在儿童和少年的早期阶段，这种能力的提升具有一定的可塑性。影响速度素质的重要因素之一还有速度心理感知能力，强大的速度感知能力可以协调和促进肌肉的快速收缩和放松活动，从而提高肌肉的整体协调性。

白肌纤维是速度素质的肌细胞基础。研究表明：人体骨骼肌中的白肌纤维的数量和体积除与力量素质呈正相关外，还与速度素质呈高度正相关。科学的速度训练可提高白肌纤维的质量，提高肌纤维内 ATP、CP 高能物质的含量和细胞内酶的活性。反之，会使白肌纤维红肌化，形成一定的速度障碍。另外，速度素质依靠的能量物质基础是三磷酸腺苷（ATP）、磷酸肌酸（CP），以及无氧状态下肌糖原的释能水平。其中，细胞内 ATP、CP 的分解释能，可使人体维持激烈活动 6～8 秒（也有研究证明，可达 10 秒以上）；而后，肌糖原在无氧状态下分解释能供 ATP 再合成释能，以继续维持人体快速运动。因此，提高 ATP、CP 储量和肌糖原无氧状态下释能水平十分重要。

肌肉的物理特性在很大程度上体现为肌肉的松弛能力、黏性、极佳的伸展性。其中弹性是影响运动表现和技术效果的重要因素之一。肌肉具有高度的弹性，能够以较快的速度实现收缩；肌肉的可塑性极强，能够拓宽动作的范围；肌肉的黏性适中，能使运动更协调和稳定。因此，在进行速度训练时，必须注重提升肌肉的物理特性，包括增强其弹性、伸展性、黏性和松弛性等方面。如果能在一定程度上改变这些物理特性就可以增加肌肉力量和耐力，从而促进运动成绩的提高。然而，过度疲劳的训练往往会导致肌肉的物理特性发生变异，从而极大地影响神经传导速度。如果在疲劳时再对其施以适当的训练或加强练习，就会使肌纤维出现损伤和破坏，而最终失去了加速动作完成的能力。因此，在疲劳状态下需要谨慎对待速度素质训练，以免产生不良影响。在进行速度训练时，若处于疲劳状态，可能会导致速度障碍的问题出现，进而影响速度素质的发展，甚至会严重影响速度力量和爆发力的形成过程。因此，必须以科学的方式进行速度素质的训练，以提升个人的综合素质水平。

### （三）速度素质训练的基本方法和基本要求

#### 1. 速度素质训练的基本方法

（1）各种速度训练方法

外力训练方法。速度训练主要采用重复训练方法，但是像田径项目 100 米、200 米跑的训练和游泳项目 50 米、100 米的训练，可以采用外力牵引的训练方法。此方法是指在速度训练中，运动员借助牵引力、顺风力、重力等外力进行活动的练习方法，如牵引跑、顺风跑、下坡跑等。此方法的主要特点是：有利于提高动作幅度和频率，并易使神经肌肉系统形成快速运动的动力定型；有利于心理上形成快速运动的速度感，强化速度训练中快速运动的动作意识；有助于克服速度障碍，使运动员能够较快度过速度训练中的高原期状态；有利于获得快速运动中肌肉收缩与放松交替进行的感受，使神经系统更精细地支配有关肌群。此方法的不足是：运用过多容易淡化运动技术的用力意识，因此，只能适当穿插应用。

比赛训练方法。此种训练方式是指在模拟比赛环境，或者真实的比赛条件下，遵循比赛要求，旨在提高训练质量的一种训练方式。该方法的主要目的在于激发心理能量，以实现速度训练。它能有效克服运动中产生疲劳和过度紧张等不良心理现象，从而达到提高运动员技术动作水平，促进竞技成绩进一步提高的效果。该方法能够最大程度地调动人体生理和心理能量，使机体处于高度紧张的状态，能够帮助神经系统发挥作用；通过调节神经系统的兴奋状态，可以促进神经过程的兴奋和抑制之间的转换，使神经肌肉在竞争条件下更加协调；通过调整机体内部环境状态，使其与竞争环境相适应，从而产生深刻的适应性反应。但是，此方法存在一个缺陷，即容易导致经验不够丰富的运动员在动作和心理上感到紧张和不安；不能有效地消除运动中出现的疲劳和过度疲劳感等。采用此方法过度训练容易导致速度障碍的形成，这一点需要特别注意。

（2）速度训练负荷安排

通常根据负荷时间、强度来确定速度负荷等级。在发展速度素质时，应发展以磷酸原系统为主的无氧代谢能力为目的。速度训练的运动负荷强度等级的划分，通常根据最佳运动成绩的百分比值来确定。这种计算方法是以最佳成绩为最大运动强度为假设前提。例如，运动员 100 米的最佳成绩为 10 秒，其速度最大强度为 10 米 / 秒，负荷强度等级为 6 级。但是，这种分类对于运动技术单一动作（如排球扣球技术、标枪掷枪技术）的速度训练值得深入研究。

反应速度负荷训练。反应速度可分为两种，即简单反应与复杂反应。其中，简单反应速度是指人体对外界信号刺激，迅速做出预定动作的应答反应；复杂反应速度是指人体对外界信号刺激，迅速做出有选择的应答反应。简单反应训练着重采用重复练习手段，要求运动员尽快对突然出现的信号做出反应。反应动作可采用任何预定动作。负荷安排为强度大、次数少。当运动员的反应速度得以巩固时，可以强化时间记忆训练，即每次练习后，从教练员那里获得反馈，以形成时间记忆；然后进行时间判断训练，即与教练员实测时间进行比较，以感受其微细差异；最后，进行动作的注意训练，即降低相关肌肉收缩潜伏期的速度训练。

复杂反应的训练相对较为繁琐。其实，复杂反应的训练是运动技术和战术训练的一个重要组成部分，它也是对抗性项群技术和战术训练中不可或缺的一部分。由于复杂反应中存在着大量的不确定性因素，因而要求练习者具有较强的应变能力、判断能力和快速反应能力。复杂反应训练的核心在于缩短思维过程中的选择和判断所需的时间，从而提高认知效率和准确性。此外，要注重提高教练员对比赛中复杂反应规律及其特点的认识程度，以及如何根据实际情况灵活应用这些原则来指导复杂反应训练实践。因此，在训练过程中，应特别注重培养“预测”能力，积极捕捉外部刺激可能存在的“潜在信息”。例如，对手的姿势和面部表情等，积极训练以应对各种变化的相应动作，并尽可能多地让运动员掌握应答动作的类型和数量。复杂反应训练应根据不同项目的特点，有针对性地加以实施。训练复杂反应时，常常需要将其与技术串联训练、衔接技术训练、战术配合训练以及变相移动训练高度融合，以达到更好的效果。

动作速度负荷安排。在进行各种动作速度手段的训练时，需要特别注意负荷的分配，以确保动作能够以最快的速度完成。为了确保训练效果，应控制负荷持续时间不超过 30 秒，通常建议在 10 秒左右进行；练习强度应适中。在安排练习组数时，应以保持速度不变为首要原则；以单个肌肉为主的练习不能代替全身大强度运动。练习者应当熟练掌握所需动作，并将注意力集中于动作方面，以达到最佳效果。专门性动作速度练习应当与专项比赛的动作结构相联系，以更贴近比赛动作施力的特点；科学安排抗阻力与无外阻力的训练方法。一般情况下，在进行抗阻力训练后，应及时进行无外阻力的训练；严格掌握间歇时间和休息方式。间歇时间的安排以不降低兴奋性并保持机体充分恢复为宜。加强爆发力的训练。实验研究证明，爆发力的大小与动作加速度的变化呈正相关性。另外，动作速度训练应以速率训练为主，间歇时间应该充分。

速度耐力负荷安排。速度耐力的负荷安排基本上类似短时耐力负荷安排的特点。不同的是，速度耐力的训练更强调维持人体最高运动速度这一要求。其着眼点在于如何提高机体达到最高速度后维持这一速度水平的能力。因此，在训练中应注意：必须使人体进入最快速度状态后，再维持一段时间，该时间的确定以不出现明显减速状态为宜；适当进行一次极限强度或大强度的负荷训练，以提高肌肉放松与收缩的交替能力，特别是提高机体在运动状态下肌肉交替放松的能力。

速度耐力训练的负荷安排可参考短时耐力的负荷安排方式。这里必须强调的是适度的有氧代谢能力训练对于速度耐力的发展具有积极的作用。因此，在全年训练过程中，适度安排一定比例的有氧能力的耐力训练将有助于提高速度耐力。

2. 速度素质训练的基本要求

在进行速度素质训练时，应考虑到运动员的兴奋性、情绪状态和运动欲望等因素，因此，通常应将速度素质训练安排在课堂的前半部分。

在进行速度训练时，应根据运动员从事的专项运动进行有针对性的训练。例如，对短跑运动员开展反应速度训练，并努力提升他们在听觉方面的反应速度；而对于足球运动员，则努力提高他们的听觉反应；而对于体操运动员，应该提升他们对皮肤的感知能力。

在对不同信号的反应中，触觉反应最快，听觉反应其次，视觉反应最慢。例如，18～25 岁的男子对声音的反应需要 0.14～0.31 秒，对光的反应需要 0.20～0.35 秒，可是触觉反应仅需 0.09～0.18 秒。

当速度达到一定水平时，常常会遭遇到一种名为“速度障碍”的现象，即进展缓慢、难以提升。导致速度障碍出现的客观原因在于，由于技能动力的定型，运动员的技术动作已经处于一个较为稳定的状态。随着运动水平的不断提升，运动员也需要不断发展和改进自己的神经灵活性、肌肉收缩性。速度障碍问题的出现也有一定的主观原因：过早地追求绝对速度的提升，而忽略了其他因素的影响；基础训练次数不足；技术操作缺乏合理性；心理负担过重等因素。训练方式缺乏多样性和创新性，难以激发新的刺激和变化；训练方法和手段不适应等是导致短跑运动员运动损伤的主要原因。

如果运动员遇到了速度障碍的问题，我们可以运用顺风跑、带领跑、下坡跑、变速跑、牵引跑等多种技巧来克服这一问题。

## 四、耐力素质训练

### （一）耐力素质的内涵

1. 耐力素质的概念

耐力素质是指有机体在长时间活动过程中克服疲劳的能力，是有机体生理机能和心理素质的综合表现。良好的耐力素质有助于心肺功能的改善以及有氧代谢能力的提高。

耐力素质是身体素质的重要指标之一，是人体各器官系统功能和心理素质的综合表现，是衡量人的体质健康状况和劳动工作能力的基本因素之一，是从事各项运动必不可少的一种运动素质。

耐力素质的发展具有重要意义，无论是身体还是意志都会同时优化。发展耐力素质既能增强心肺功能，改善内脏器官功能，提高体质，延长心脏的工作时间，增长生命的年限；提高呼吸系统、血液循环功能；增强抗疲劳能力；也能锻炼吃苦耐劳、顽强拼搏的意志，使其勇于承受更大的压力，养成健康良好的心态，在生活、训练或是比赛中都能达到更好的效果。

2. 耐力素质的分类

一直以来，有很多关于耐力素质的分类及命名，主要从以下三个方面进行说明：

（1）从训练学角度划分

从训练学的角度可分为一般耐力和专项耐力。一般耐力是指运动员有机体各器官系统长时间协调工作的能力。专项耐力是指运动员有机体为了提高专项成绩，最大限度动员机能能力，长时间地承受专项负荷，并保持工作的能力。一般耐力是专项耐力发展的基础。

（2）按肌肉的工作方式划分

按肌肉的工作方式划分，耐力素质可以分为静力性耐力和动力性耐力。静力性耐力是指有机体在较长时间的静力性肌肉工作中克服疲劳的能力，如在射击等过程中表现出的耐力水平。动力性耐力则是指在较长时间的动力性肌肉工作中克服疲劳的能力。

（3）按参加运动时能量供应的特点划分

按参加运动时能量供应的特点分类，可分为有氧耐力和无氧耐力。有氧耐力是指人体长时间有氧工作（依靠糖、脂肪等有氧氧化供能）的能力。它可以提高机体利用氧的能力，从而促进新陈代谢。无氧耐力是指机体在氧供不足的情况下较长时间肌肉活动的能力。在长时间缺氧的情况下，体内主要依靠糖无氧酵解提供能量。

3. 影响耐力素质发展的因素

（1）影响有氧耐力发展的因素

有氧工作的先决条件是氧供的充足，这是制约有氧工作的关键因素。而运动中有氧耐力素质受以下几种因素制约：

心肺功能。肺的通气与换气机能是影响人体吸氧能力的因素之一。空气中的氧通过呼吸器官的活动吸进肺，并通过物理弥散作用与肺循环毛细血管血液之间交换。肺功能的改善为运动时氧的供给提供先决条件。优秀的耐力运动员的肺容积、肺活量均大于非耐力运动员和无训练者，肺的通气机能和弥散能力也大于一般人。要实现肺泡气与肺毛细血管血液间的气体交换，除了要有一定的肺泡通气外，还必须有相应数量的肺部血液流量，后者又取决于单位时间内由心脏输出的血量。运动时人体增加肺通气的能力，远远大于增加心输出量的能力，结果导致机能无效腔（即未得到血液的肺泡）大大增加。因此，肺通气机能并非限制有氧能力的主要因素，而心脏的泵血机能是限制最大有氧能力提高的一个重要的因素。同时，心肌收缩力和心腔容积的大小也是影响有氧耐力素质的要素之一。

骨骼肌特点。当毛细血管血流经组织细胞时，肌组织从血液中摄取和利用氧的能力与有氧耐力密切相关。有氧耐力的好坏不仅与心肺功能或氧运输系统有关，而且与氧的利用能力，即肌纤维的组成及其有氧代谢能力有密切关系。

神经调节能力。大脑皮质神经过程的稳定性，各中枢间的协调关系直接影响耐力素质的发展。改善神经调节能力，可以提高肌肉活动的机械效率，节省能量消耗，从而保持长时间的肌肉活动。

能量供应特点。机体的有氧代谢能力与有氧耐力素质密切相关。耐力性项目运动持续时间长、强度较小，其能量绝大部分由有氧代谢供给。

（2）影响无氧耐力发展的因素

无氧耐力的发展水平取决于肌肉内糖无氧酵解供能的能力、脑细胞对血液 pH 变化的耐受力和缓冲乳酸的能力。

肌肉内糖无氧酵解供能的能力。肌肉内糖无氧酵解的能力主要取决于肌糖原的含量及其无氧酵解酶的活性。因此，肌肉内糖无氧酵解能力与无氧耐力素质密切相关。

脑细胞对血液 pH 变化的耐受力。尽管机体的缓冲物质能中和一部分进入血液的乳酸，但由于进入血液的乳酸量大，血液的 pH 还会向酸性方向发展，加上因氧供不足而导致代谢产物的堆积，都将会影响脑细胞的工作能力，促进疲劳的发展。因此，脑细胞对这些不利因素的耐受能力，也是影响无氧耐力的重要因素。

缓冲乳酸的能力。肌肉无氧酵解过程产生的乳酸进入血液后，将对血液 pH 造成影响。但由于缓冲系统的缓冲作用，使血液的 pH 不至于发生太大的变化，有利于无氧耐力的训练与发展。

**（二）耐力素质训练的基础**

耐力素质的基础受到生物学因素的影响，这些因素对于耐力的发展具有至关重要的作用。它包括肌肉收缩时对氧需求与供应，以及在此基础上形成的运动系统机能状态。耐力素质的发展受到多个因素的影响，包括人的意志品质、人体负氧债的能力、红肌纤维及其比例、最大摄氧量的水平、能量物质的储备、神经过程的稳定性等多个方面。稳定的神经过程对于系统的稳定性具有至关重要的影响。在较长一段时间的身体活动中，神经过程的稳定性决定了技术动作是否能够保持高度协调的一个至关重要的因素。因此，研究肌肉功能变化与神经系统稳定状态之间的关系具有十分重要的意义。在进行耐力项目的训练时，神经过程表现出了长时间的稳定性，这表明神经机能对疲劳的抵抗程度是相当高的。这种能力不仅直接影响着肢体活动的稳定性，而且还能够提升肢体活动的稳定程度。心理意志力的程度与神经过程的稳定性具有十分紧密的联系，二者相辅相成、相互促进。耐力水平的发展受到神经过程、意识品质的双重影响。

人体内储存的能量物质，特别是糖原和游离脂肪酸，对于维持中、长时耐力水平至关重要。因此，研究糖原和游离脂肪含量与有氧代谢之间的关系，对于提高中长跑训练效果具有十分重大的意义。通常情况下，在充足的氧气供应条件下，身体内富含糖原和游离脂肪酸的运动员在运动过程中，所表现出的耐力水平往往较为显著。如果运动员体内的糖原储备量较大，这表明他们在承受高强度负荷的情况下，仍具备持续运动的可能性；反之，体内游离脂肪酸的储存量少，表明其可能会在较短时间内失去工作能力。因此，高含量的游离脂肪酸可以提高其工作效率。所以合理利用有氧代谢的优势，对提高运动员的成绩有重要意义。通过长期而系统的训练，可以显著提升机体能量供应系统的调节能力，从而有效改善机体的生理状态。在进行运动时，无须等待身体消耗过多的糖原，便可尽早利用体内游离脂肪酸参与氧化分解供能的过程，从而达到更好的效果。通过维持体内血糖的正常数值（即血液中的糖原）以满足脑细胞运转的需要，同时，促进高能量物质从活动早期参与供能，当负荷强度达到较高水平时，能够及时启动糖原的无氧供能，从而达到双重效益。

评估运动员有氧耐力的一项客观指标，即为其所能吸收的最大氧气量。它不仅反映了机体代谢能力和机能状态，而且对训练效果具有重要影响。在能量物质氧化释能过程中，氧元素扮演着不可或缺的角色，而最大摄氧量的水平则是决定氧供应充足与否的重要因素。心、肺、血管系统的功能水平是决定人体最大摄氧量的关键因素。在运动过程中，人体内的氧分子通过呼吸作用将氧气吸入肺部，以维持身体内部的氧气平衡；再由呼吸道排出体外，其中又以氧气为主，同时伴随二氧化碳和氮气等其他成分。随着时间的推移，氧气通过肺泡壁与肺循环中的微小血管进行气体交换，进入血液中，并与其中的血红蛋白结合；最终，经由微小的血管进入肌肉细胞内，以供能量物质的氧化释放，以满足人活动的需求。因此，肌细胞所需的氧气含量，在本质上决定了能量供应水平的高低。此外，心脏泵血能力也对能量代谢起重要作用，它直接影响到肌肉收缩时产生的机械功，或肌糖原合成后释放出的化学能在体内的利用情况。因此，优化心血管系统的运作机制是至关重要的。

红肌纤维在人体骨骼肌中扮演着不可或缺的角色，它们是构成耐力素质的重要物质基础。其构造呈现出肌原纤维粗壮、横纹稀少、神经末梢丰富的特征；其机能表现为长时间的潜伏期、不易疲劳、长时间的持续收缩以及强大的氧化能力。红肌纤维的独特之处在于其富含大量的线粒体，这为其赋予了独特的特性。在人体细胞的能量生产过程中，线粒体扮演着至关重要的角色。根据研究结果，红肌纤维的比例与最大摄氧量水平之间存在着显著的正相关性。当人体需要以 90% 以下氧的最大摄氧量进行运动时，红肌纤维内的糖原会随着负荷时间的延长而显著减少，而白肌纤维内的糖原消耗则不会出现太大的变化。在充足的氧气供应下，人体的运动主要受到红肌纤维，及其内部能量物质的分解和释放所影响。同时，证明了红肌和白肌中葡萄糖含量之比值与乳酸生成率之间存在着显著的相关关系。

在评估运动员的无氧代谢能力时，人体负氧债的表现是一个至关重要的指标。即便在氧气供应不足的情况下，人体仍能保持高负荷强度的持续运动能力，这表明运动员具备高度的抗氧化能力。人体的抗酸能力、糖原无氧酵解能力和氧利用能力，都是影响人体负氧债能力高低的关键因素。对于那些对短时耐力、速度耐力和力量耐力等运动素质有着极高要求的运动项目而言，人体负氧债能力是一项至关重要的生理机能。

### （三）耐力素质训练的基本方法和基本要求

1. 耐力素质训练的基本方法

（1）各种耐力训练方法

持续训练方法。此方法是指运动员以比较恒定的强度持续、不间断地进行长时间练习的方法。此方法的主要功能是提高长时耐力水平。此方法特点是：可提高机体内游离脂肪酸储备水平，有助于提高体内有氧代谢能量物质的含量；在负荷时间长时耐力Ⅰ、Ⅱ级范围内，安排心率为 165 次 / 分的负荷强度进行训练（在此强度下，负荷总时间也可延续到 30 分钟以上），对于提高肌糖原代谢水平、糖原储备量都具有实际价值，同时有助于提高心血管系统功能；在负荷时间为长时耐力Ⅲ级时，安排心率为 150 次 / 分的负荷强度进行训练（在此强度上，负荷时间也可延续到 90 分钟以上），对于改善人体心血管系统机能，以及提高人体脂肪代谢水平具有明显功效。此方法的变化形式为变速持续练习或者法特莱克练习方法。

间歇训练方法。此方法是指在相对固定的条件下，按照严格规定的间歇时间休息并进行反复练习的方法。它与重复训练方法的最大区别是对间歇时间赋以严格的规定。此方法的主要功能是提高中时耐力水平效果显著。此方法的特点是：间歇时间是以运动后心率恢复到 120 次 / 分为确定具体间歇时间的主要依据，具有严格的指标；对于提高人体心脏每分输出量的影响最大，可显著提高心肌收缩能力，以及提高心脏输送血液的能力；对于提高中时耐力、长时耐力Ⅰ级耐力具有较高训练价值；在较高强度负荷下，通过分段持续负荷和不断缩短间歇时间方法，可有效地提高专项耐力水平。此方法的不足是：对初级运动员不宜过多采用；负荷量不易掌握。实践中倘若运用失当或负荷间歇掌控不好，易发生速度障碍。

（2）耐力训练负荷安排

根据人体主要供能特点和不同状态下能量供应比例，图多·博姆帕提出六级负荷等级。耐力训练负荷等级的划分较为复杂，它主要根据耐力素质的负荷时间、负荷强度与能量代谢的关系进行分类，并辅以外部负荷指标。在发展耐力素质上，根据短时、中时、长时耐力的划分标准，针对性地采用相应的某一等级负荷指标，科学地设计训练计划、合理地安排运动负荷和有效地实施训练是耐力素质训练的关键。其中，认识耐力素质运动负荷的各级生理指标，是科学设计训练计划、合理安排运动负荷和有效实施训练的主要依据。

短时耐力负荷安排。短时耐力的训练负荷应以体现明显的无氧供能为特点，以提高肌糖原、血糖、无氧酵解释能水平以及机体抗氧债能力为目的。其练习过程应引起强烈的无氧代谢反应。短时耐力的负荷强度多以耐力等级中的次高强度级为主。因此，其生理负荷指标应体现出氧债高、乳酸量大、心率快的特点。为此，负荷持续时间可根据训练目的，在 30 秒～1 分之间选择。练习次数则因训练水平、强度变化而变化。各次练习的间歇时间安排，可以按机体充分恢复或不充分恢复两种方式考虑。组织方法是：对初学者而言，应以重复训练方法为主，间歇时间以充分恢复为安排原则；对训练有素的运动员或高级运动员，其练习方法的安排较为复杂，但多以重复训练方法、强化性间歇训练方法以及比赛训练方法为宜。

中时耐力负荷安排。中时耐力的负荷时间通常为 1～8 分钟。显然，中时耐力素质的训练最为复杂。许多项目的比赛时间或者局赛时间都是在这一时间范畴。因此，耐力训练至关重要。中时耐力的运动负荷安排，应以鲜明地体现出无氧、有氧代谢混合供能的特点，以提高肌、肝糖原水平、糖的无氧和有氧分解释能水平为目的。中时耐力负荷强度所跨过的级别较多，因此，必须具体问题具体分析。一般地说，中时耐力比赛负荷强度、持续时间愈接近短时耐力项目的性质，其运动负荷强度的性质就会愈接近以无氧代谢为主的特点。

中时耐力训练的组织方法同样比较复杂。因此，中时耐力的组织训练，往往根据训练水平、专项特点、训练目的，通过采用不同的变化负荷元素的方式训练，以达到训练组织目的。在实践中，变化不同负荷元素的负荷安排有如下几种典型方式：第一，负荷强度、时间、数量、间歇时间均为恒定，主要用于适应性训练；第二，负荷强度、时间、数量恒定，间歇时间缩短，主要用于分段后整体衔接的耐力训练；第三，强度提高、数量及其间歇时间均为恒定，主要用于提高负荷强度的训练；第四，负荷时间、数量提高，负荷强度、间歇恒定，主要用于提高负荷量的训练。显然，这些方式所要达到的目的根本不同。因此，需要根据训练过程不同阶段的任务和运动员的实际水平，科学地安排不同负荷。

长时耐力负荷安排。长时耐力训练的负荷安排，应体现以有氧供能为主、以无氧代谢为辅的特点，应以提高机体糖原储备量、糖的有氧分解能力、最大吸氧量、游离脂肪酸含量及其氧化能力为目的。

2. 耐力素质训练的基本要求

（1）耐力训练前的饮食

在开始竞技运动训练之前，建议提前一小时吃好早餐，以确保身体得到充分的营养补充。在进行运动时，必须确保训练和饮食之间的时间间隔大于 30 分钟，否则会给肠胃带来负面的影响，导致身体出现不适。运动前的食物要求是浓缩体积小、易于消化，不要吃一些含纤维多的不易消化的粗杂粮和易产气的食物。根据能量供应的原理，耐力素质训练前可以适当增加蛋白质与脂肪的摄入量，严禁不吃早餐就进行耐力训练，这样很容易造成低血糖，出现伤害事故。

（2）应当重视耐力训练前的准备活动

耐力训练前的准备活动最少应持续 20 分钟。主要以慢跑为主，以及一些比较轻松的游戏及全身运动，不要做比较剧烈的对抗性游戏。主要以提高体温和逐步提高内脏功能的稳定性和提高植物性神经系统的兴奋性，降低其“惰性”。

（3）选择正确的运动姿势和呼吸方式

耐力训练目前还是主要以较长距离跑为主。如何在跑的过程中更加省力，同时减少能量的消耗呢？跑的动作我们要求大腿前摆较低、身体腾空低、步长较小、但步频要快，脚着地时多采用滚动着地，重心起伏小、平稳推进，双臂的摆弧较小，不超过身体中心线，高度一般不超过肩。耐力训练中正确的呼吸方式，对跑步能力的影响起着决定性的作用。在中长跑中为了达到所需的肺通气量，呼吸必须有一定的频率与深度，呼吸过浅，为了满足需氧量就要加快呼吸频率，这样会加速呼吸肌的疲劳。呼吸过深不仅呼吸肌工作，而且要靠胸腔和腹部的肌肉参加工作，因此，这些肌肉疲劳得更快。呼吸适宜的深度约为个人肺活量的1/3，只要呼吸肌工作即可。为了得到必要的通气量，必须用半张的嘴和鼻子同时呼吸，呼吸的节奏以个人的习惯和跑速决定。一般呼吸的节奏有以下几种：

二步吸气和二步呼气，四步一个呼吸周期。

一步半吸气和一步半呼气或二步吸气和一步呼气，三步一个呼吸周期。

一步一吸气和一步一呼气，二步一呼吸周期。

（4）注意训练中合理安排适宜的运动负荷，学会用脉搏来控制负荷量

因为在负荷心率需氧量之间存在着线性关系，心率可以作为各种训练手段对机体评价的可靠指标。一般而言，达到最大需氧量的心率为180次/分的跑速叫作临界速度，低于这个速度称为临界下速度，高于它则称为临界上速度。心率在150次/分以下的跑是在有氧供能下进行的，心率在160次/分、180次/分的跑是有氧—无氧供能混合方式。心率在180次/分以上为无氧供能。

心率在160次/分、180次/分的临界下练习是组合性的，对发展耐力影响很大。

## 五、柔韧素质训练

### （一）柔韧素质的内涵

#### 1. 柔韧素质的概念

人体各肌肉、关节、韧带等组织的可塑性和弹性，构成了柔韧素质的基础。柔韧素质不仅包括身体各部肌耐力、柔韧性和力量，还涉及运动时各种姿势与姿态。关节组织结构和髋关节的韧带、肌腱、肌肉等组织的伸展性，以及训练水平、年龄、天气等因素的影响，是决定柔韧素质优劣的关键因素。在健美操教学过程中，柔韧性练习是一个必不可少的组成部分。在健美操成套动作中，上肢的大幅度运动，以及下肢的大跳、劈叉、踢腿、控腿等动作，充分展现了运动员的柔韧性和身体协调性。在竞技比赛中，运动员要想取得优异成绩，就必须具备较强的柔韧素质，只有这样才能使身体获得最大限度的放松。运动员想要提高运动幅度、动作速度、动作力量、完成难度和高质量动作，关键在于保持良好的柔韧性，同

时，最大限度地减少不必要的身体损伤。在教学过程中应重视学生柔韧素质训练，使他们掌握正确的锻炼方法，并能运用于实际工作之中。因此，提升身体柔韧性的素养，对于提升运动技能水平具有至关重要的意义。

柔韧，顾名思义，具有既柔又韧的意思，在进行大幅度动作时，肌肉的快速有力收缩、弯曲和快速伸直的特性，以及其幅度中蕴含的速度和力量因素，共同构成了柔韧的特性。

2. 柔韧素质的分类

就其与专项运动的相关性而言，柔韧素质可被划分为一般柔韧性和专项柔韧性两个方面。在不同的训练中，二者又有各自独立的内容和要求。专项柔韧性，指的是在特定情况下需要具备的高度灵活性。由于不同项目的需求是不同的，同一身体部位的专项柔韧性在幅度、方向等方面也表现出差异，这是由于其运动的需要所致。

从其外在运动状态的表现来看，柔韧素质可被划分为两类：一类是具有动力的柔韧性，另一类则是静态的柔韧性。肌肉、肌腱和韧带在进行动力性技术动作时，需要达到人体学允许的最大限度能力，以强有力的弹性回缩力完成所需的动作，这种能力被称为动力性柔韧性。肌肉、肌腱、韧带在执行静力性技术动作时，通过拉伸到所需的位置和角度，以控制其停留一段时间并展现出相应的能力，这就是静力性柔韧性。它可以作为一种动力训练手段和方法运用于不同项目或专项练习之中。体操运动员展现出的控腿、俯平衡动作、桥、劈叉等多种动作类型，以及跳水运动员保持体前屈的姿势，都是静力性柔韧性的具体体现。动力性柔韧性形成的基础是静力性柔韧性，但还需要一定的力量。动力柔韧性与静力性柔韧相比，具有更大的灵活性和更强的协调性。

**（二）柔韧素质训练的基础**

柔韧素质不仅能够在某些复合素质和其他基本素质方面发挥重要作用外，也是提高技能和战术水平的至关重要的一环。在日常的训练中，衡量运动员柔韧素质水平的标准是通过测量运动员在某一动作中所表现出的幅度来进行评估。根据这一特点，我们认为在选材时应着重考察运动员柔韧性训练的情况。柔韧素质在多项运动中扮演着至关重要的角色，特别是在体操、技巧、跳水、武术等项目中具有显著意义，同时在球类和田径项目中也具有重要的价值。因此，在教学训练中应重视柔韧素质的培养，使学生能够较快地掌握正确而又灵活的技术。柔韧素质可分为一般柔韧素质和专门柔韧素质两种类型，其中一般柔韧素质是指关键关节的活动，这一素质对于任何运动项目都是不可或缺的；专项运动所需的特殊柔韧性，是学习专项运动技术不可或缺的重要条件。

生物学因素对柔韧素质的影响主要涉及外部环境温度的适应性、神经过程的可塑性、周围组织的可伸展性、关节骨的结构构造等。这些生理生化因素对人体柔韧性有着直接或间接的作用和影响，它们之间相互影响、相互作用。人体的关节骨结构是由遗传因素所决定的，因此即使进行训练，也无法改变其结构，只能使其达到骨装置固有的最大柔韧性水平；关节周围组织的伸张和屈伸活动则直接作用于骨膜表面形成韧带张力而产生力量，同时引起肌纤维间距离增大或缩短。软组织的可塑性是影响柔韧素质的主要因素之一，从某种角度来看，软组织的可塑性会对人体的动作幅度造成限制，通过训练可以提高软组织的伸展性和弹性，从而扩大动作的范围；神经系统对肌肉的调节能力与柔韧素质密切相关，当神经过程中兴奋与抑制的灵活性得到充分发挥时，肌肉的收缩与放松交替变换的协调性将得到显著提升，从而增强肌肉的灵活性；外部环境的温度也会对人体产生直接的影响，影响着人体表面的温度，适宜的温度可以促进各个关节的柔韧性和素质的充分展现。

### （三）柔韧素质训练的基本方法和基本要求

#### 1. 柔韧素质训练的基本方法

柔韧素质训练方法基本上可分为两类，即静力拉伸法和动力拉伸法。在这两种方法中，又有主动拉伸和被动拉伸两种不同的训练方式。

第一，静力拉伸方法是指通过缓慢的动作，将肌肉、韧带等软组织拉长到某一限度时，暂时保持动作静止，使软组织处于拉长状态的练习方法。此方法的最大功能是使软组织的伸展性有足够长的时间得以锻炼。此方法的主要特点是：练习简单易行、无须特殊器械，训练后练习还有助于课后放松；练习强度相对较小，有助于节省体内能源，且动作幅度较大，可以避免产生牵张反射，发展肌肉伸展性效果好，不易使软组织损伤。此方法的不足是：如果采用此法练习过多，则易使肌肉失去弹性，并对动力性技术动作的身体柔韧性产生不良的影响。

第二，动力拉伸方法是指有节奏地通过多次重复同一动作的练习，使软组织逐渐地被拉长的练习方法。此方法最大特点是主动性拉伸时，肌肉张力变化的高峰值约为静力拉伸的两倍。此方法优点是：可以引起肌肉牵张反射，可以达到提高伸展性和收缩性的双重效果；有利于血液循环，改善局部组织营养，提高局部组织的弹性和质量；动作幅度大，可以不断冲击柔韧素质的极限水平，以扩大动作幅度。此方法的不足是：若训练不慎，极易引起肌肉拉伤。

第三，由于静力、动力拉伸法具有主动、被动练习方式，因此，被动拉伸练习时，动作幅度应大于主动拉伸的练习幅度；被动性拉伸练习（静止性）可安排在柔韧训练的准备阶段，也可安排课后练习；通常先进行被动拉伸练习，后进行主动拉伸练习。量最多为 50±20 次，具体次数视关节部位而有异，髋关节需多，踝关节则少。在做动力性练习时，每组练习 10～12 次即可。在做静止性练习时，每组持续时间为 15～30 秒。另外，练习中的间歇时间，应以保持运动员完全恢复为必要条件。间歇时间应安排肌肉放松练习，使有关关节得以充分放松。柔韧素质训练目前是篮球、足球、排球等项目的重要训练内容。通常，这些项目运动员多以睡卧姿态，采用头脚两端反向运动的方式，主动或被动性地扭曲身体。

2. 柔韧素质训练的基本要求

（1）发展柔韧性应从小培养

柔韧素质发展的敏感期在 5～10 岁，力争在 12 岁以前把柔韧练习作为训练的重点，以发展柔韧能力。应多采用“缓慢式”和“主动式”活动，不宜长时间用力搬、压，或做过分扭转肌肉骨骼的活动，以免造成关节、韧带的损伤和骨骼变形，不利于促进儿童的健康成长。16 岁后，可逐渐加大柔韧练习的负荷量和强度。

（2）发展柔韧性应循序渐进，持之以恒

柔韧练习本身是由不适应到适应逐步提高的过程，停止训练，柔韧效果就会消退。训练要长期化、经常化、系统化，且要循序渐进、逐步提高要求，不能急于求成，以免出现拉伤现象，同时提高肌肉的放松能力，主动放松肌肉的能力越好，关节活动时所受肌肉牵拉的阻力越小，关节活动幅度就越大。

（3）发展柔韧性应与力量、速度能力发展相结合

柔韧的发展是建立在肌肉力量增长基础上的，良好的柔韧能力同时也反映出良好的力量能力。健美操是动力性项目，健美操的柔韧性表现有两种形式：一种是在静力性力量下的柔韧性，如控腿、支撑劈叉等；另一种是在速度力量下的柔韧性，如快速高踢腿、分腿大跳、劈叉倒地等。所以速度力量、相对力量与柔韧训练应同步发展和提高，力量素质训练还可增强关节的稳固性。而在力量素质训练后进行柔韧训练，可以使肌肉、肌腱和韧带保持相应的弹性和伸展性。保证肌肉韧带柔而不软、韧而不僵，促进身体能力的全面发展。

（4）发展柔韧素质应兼顾身体各个部位相关因素

健美操柔韧性大部分表现均涉及几个相互有联系部位的柔韧性程度。如纵劈叉和前踢腿柔韧度，它与髋关节周围肌肉、韧带的伸展性有很大关系，也与大腿后部肌群、韧带伸展性有密切关系。因此，在练习过程中，对相应的几个部位都应发展。

## 六、灵敏素质训练

### （一）灵敏素质的内涵

1. 灵敏素质的概念

人体在各种突发情况下，会展现出准确、敏捷、协调、快速的动作能力，这是身体素质、神经反应和运动技能相结合的综合体现，这种能力被称为灵敏素质，包括反应速度、动作速度和灵敏度三个方面的内容。灵敏素质是一种综合化的素质，它能够帮助我们更快、更多、更准确地掌握不同类型的技术和练习手段，从而更充分地将现有的身体素质与实践相结合，并能够较好地预防伤害事故的出现。

灵敏素质是指在各种突发状况下，人体能够精准、敏捷、协调、快速地完成动作的能力，同时也是运动员快速转换动作、根据局势调整战术的能力。随着体育科学的发展，对灵敏素质的研究越来越引起人们重视，并成为训练理论与实践中不可缺少的重要组成部分。灵敏是一种综合素质，它能够帮助我们掌握更多、更广泛的技术和练习手段，从而将自己的体育运动潜力挖掘得更为充分。因此，

加强对学生灵敏素质训练是提高竞技体育水平的重要因素之一。灵敏素质之所以成为运动技能、神经反应和各种素质的综合体现，是因为每个专项的动作都在不同程度上展现了力量、速度、耐力和柔韧等多种素质的综合表现。因此，在训练中应着重提高肌肉的爆发力和关节灵活性。通过施加力量，特别是释放爆发力，以掌控身体的加速或减速；通过调节身体的速度，特别是在爆发时的速度，以控制身体的移动、躲避和方向的变化；通过柔韧性，提高肌肉对阻力的控制能力和关节灵活性。只有在中枢神经的支配下，动作才能得到充分地综合运用，从而确保动作的熟练程度达到自如运用的水平。这就要求神经系统具有高度灵活性和敏捷性。神经系统的反应速度、判断准确性以及随机应变和及时做出应答动作的速度，均取决于神经反应的表现。因此，敏捷的反应速度、精准的判断能力，以及及时的应答动作是灵敏素质的必要前提，而各素质之间的协同配合则是完成应答动作的基石。在体育教学训练中对运动员进行全面、系统的灵敏素质训练，不仅可以提高他们的专项身体素质，还能促进其身体机能的改善和完善。在各项运动中，它扮演着至关重要的角色，除了确保人类能够以精准、熟练、协调的方式完成动作，从而获得卓越的运动成果，还能在比赛中展现出灵活多变的技巧，并以巧妙的方式击败对手，从而获得胜利。

2. 灵敏素质的分类

就灵敏素质与专项运动的关联而言，灵敏素质可被划分为一般和专项素质两大类。

第一，人类的一般灵敏素质指的是在各种活动中，以及在瞬息万变的环境中，能够快速、精准、合理地完成各种动作的能力，包括反应速度和动作速度。这是专项灵敏素质得以发展的前提条件。

第二，运动员在进行专项运动时，必须具备一定的专项灵敏素质，才能够快速、精准、协调地完成各项技术动作。专项灵敏素质包括快速力量和速度耐力两个方面的内容。经过多年的反复实践和专业技能的不断提升，该技能在一般灵敏素质的基础上得到了进一步的完善和提升。

### （二）灵敏素质训练的基础

灵敏素质基础是指影响灵敏素质发展的生物学因素，它主要包括：神经过程的灵活性、时空判断心理特征、技能储备量、动作结构合理性、适宜的气质类型等。其中，大脑皮质神经过程的灵活性是决定灵敏素质水平的神经基础。神经过程灵活性高，兴奋与抑制过程转换速度快，神经系统对人体肌肉收缩、放松时机、用力程度的控制能力就高，动作的快速性、准确性和协调性就容易体现。人体对时间、空间判断能力是决定灵敏素质水平的心理基础，人体对时间、空间判断能力强，灵敏素质在空间、时间上所表现出来的准确性就高，反之，时间、空间判断力差，灵敏素质也不会很好。运动员时空判断力具有明显的专项特点，因此，专项灵敏素质的发展必须以提高专项的时间、空间判断能力为基础。

灵敏素质的基本因子是力量、速度因子。其中，爆发力、动作速度、反应速度、判断速度对灵敏素质的影响最大，因此，系统提高基本运动素质，会使灵敏素质得到发展。运动技能储备量是指运动员掌握各种动作的数量和质量，运动技能储备量愈多，灵敏素质体现的水平就会愈高。灵敏素质主要体现在动作的快速、准确、协调性上。动作结构的合理与否尤为重要，动作结构的合理性应符合解剖学、生物力学、专项技术的要求。灵敏性较强的人，往往在气质上多属多血质及其亚型。此类气质的运动员多为感受性低、耐受性较高、不随意的反应性强，并具有可塑性和外倾性，情绪高、反应快的特点。许多对抗性项群的优秀运动员都属于此类型气质。由此可见，科学选材也是重要的因素。

### （三）灵敏素质训练的基本方法和基本要求

#### 1. 灵敏素质训练的基本方法

（1）因素训练方法

因素训练方法是指根据灵敏素质结构中各类因素对灵敏素质的影响程度，从各影响因素入手，针对性地逐项进行训练或进行主项因素的训练，以达到在总体上提高灵敏素质目的的方法。因素训练方法的内容因素是反应速度、判断速度、动作速度、速度力量、时间判断力、空间判断力、平衡能力、模仿能力、形象思维力和下肢脚步各种起动、移动、制动速度等。同时包括躯干各种转动、屈伸动作的合理性和上下肢、躯干的协调性动作。检查性测试是采用因素训练方法的前提。此方法特点是：训练内容的层次性清楚，便于全面提高影响灵敏的诸多因素；容易确定灵敏素质发展指标，以便客观检查、评价灵敏素质发展状况；可以有系统地综合训练，并易使基本素质有机转移到综合性灵敏素质上。

（2）综合训练方法

此方法是指以若干或全部影响因素的各类动作为单元编排在一起，在突然变化的条件下，让运动员迅速做出相应变化的组合排列方式的训练方法。此方法最大的训练功能，是有助于提高灵敏素质的应变能力，有助于提升衔接技术的质量，有助于强化变异组合下各种运动技能。例如：在垫子上做各种横滚翻越动作，躲避连绳球体不规则旋转运动的横扫。显然，这种方法有助于提高身体的灵巧性。综合训练方法的特点是可以按比赛规律训练。这样，既可熟练基本运动技术，又可提高专项衔接技术；可以促进运动技巧形成，有助于提高灵敏素质的协调因子；可以促进复杂反应能力的提高，使灵敏素质与运动技巧高度结合。相对来说，综合训练方法是把各种动作变异组成浑然一体的练习方法。

2. 灵敏素质训练的基本要求

（1）练习方法、手段应多样化并经常改变

灵敏素质的提高与各种分析器和运动器官机能的优化息息相关。它不仅能使运动员正确快速地判断和分析技术信息，而且还可以增强他们的应变能力。各种分析器和运动器官功能的提升，将直接影响人体在运动中展现出精准的定向、定时能力和动作的快速、准确变换能力。一旦人体熟练掌握某一动作技能并达到机械化的水平，再利用该动作来培养灵敏素质的意义便大打折扣。为了培养灵敏素质，我们需要采用多种不同的训练方法，并且需要不断地进行调整和改进。如采用重复训练法、反复强化法等方法。通过这种方式，人们不仅可以学习、掌握多种类型的运动技能，还可以丰富人体内不同分析器的作用，从而在运动中展现出三维立体空间中的定位和定向能力，同时表现出准确表达动作的能力。

（2）掌握本专项一定数量的基本动作

随着大脑皮层中条件反射暂时联系数量的增加，动作的暂时联系接通速度和准确性也随之提高，从而能够在已学习的运动技能基础上，形成新的应答性动作，以应对突如其来的状况。如果不具备熟练的技巧和良好的心理状态，很难完成复杂而又紧张激烈的比赛任务。因此，对于提高灵敏素质而言，掌握基本的动作、技术和战术等方面的知识是至关重要的，这将有助于我们更好地应对复杂多变的环境。人体的综合能力体现在灵敏素质上，而要发展灵敏素质，则需要从培养各种能力入手，广泛采用其他身体素质的训练方法，以培养不同方面的能力。

（3）抓住发展灵敏素质的最佳时期

在中枢神经系统发挥的总指挥作用下，出现了不同类型能力的综合表现，这些综合表现都是灵敏素质。灵敏素质包括反应速度和平衡性两个部分，其中最重要的就是对外界刺激的快速反应和协调动作过程中各部位之间的协调性。神经系统是人类身体发育最早、最迅速的系统，所以，儿童在动作速度、平衡能力、节奏感等方面具有巨大的潜力，这些都为培养灵敏素质提供了有利的条件，因此应该尽快开展灵敏素质训练。

（4）灵敏素质练习时应注意消除练习者的紧张心理状态

教练员在进行灵敏素质训练时，应当运用不同类型的技巧和方法，帮助运动员缓解内心的不安定情绪。当人总是处于心理紧张状态时，其肌肉和其他运动器官也必然会受到影响，导致人体出现反应迟缓、动作协调性下降的问题，从而对学习的效果产生影响。

（5）合理安排训练时间

在训练过程中，应当精心设计灵敏素质的训练计划，以确保其系统性和有效性。然而，在开展实际的训练时，应当控制好时间和次数，避免过度重复。当身体处于一个疲惫的状态时，运动员的力量水平会降低，速度也会减缓，同时平衡能力也会下降，这些因素都会对他们的灵敏素质发展产生不利影响。有经验的教练员会根据训练过程中的具体特点，精心设计灵敏素质的训练方案，以确保训练效果最大化。随着比赛的临近，需要加强对协调能力的练习，保证技术训练的比重。在备战阶段，我们注重培养学生的一般灵敏素质，而在比赛阶段，我们则将重点放在专项灵敏素质的训练上。在准备阶段可以通过一些简单的动作进行基本反应训练。在训练过程中，应当合理规划各项身体素质的训练，通常情况下，高灵敏度的训练应该放在前面，以确保学生在训练时还有足够的精力。在有限的时间内，要有针对性地开展训练，以提高运动神经元和肌肉组织的兴奋性，促进大脑综合能力的发展。

（6）灵敏素质的练习应有足够的间歇时间

在进行灵敏素质的训练时，必须留出充足的休息时间，以确保 ATP 能量物质的合成。如果训练时没有充分休息或休息不当，往往造成肌肉的疲劳不能得到及时恢复。然而，过度延长休息时间会显著降低中枢神经系统的兴奋性，从而在下一次练习中降低大脑对运动器官的协调能力，导致动作出现迟钝、速度减慢、协调性下降，这必然会对练习效果产生负面影响。因此，要根据不同情况合理安排训练时间与休息时长，才能取得良好的效果。通常情况下，我们可以将练习和休息的时间比例控制在 1∶3 之间，以达到最佳效果。

（7）应结合专项要求训练

针对专项运动项目对灵敏素质的需要，教练员要从实际出发，设计训练的方案，以确保训练效果与专项要求完美契合。田径运动员多做快速力量练习，以快打猛击为主要目的，以便在短时间内取得好成绩；乒乓球运动员多做手臂旋转及快速击球动作的练习。此外，还需谨慎控制练习者的体重，以确保其在运动过程中保持健康状态。

## 七、现代竞技运动体能训练创新分析

### （一）重视对体能训练教练员的培养

在竞技体育水平相对较高的国家，他们的体育训练队伍中普遍配备了专业水平较高的体能教练。在这些国家中，大多数的体育竞赛团队都有一个统一的训练计划和训练大纲，并且每个运动项目的体能训练均为同一级别。因此，必须重视提升教练员专业水平、加强培训，以提高体能教练员的综合素质。

### （二）努力理清理念、制度以及技术三方面之间的关系

现代体能训练的方向性和层次性在训练技术、训练制度、训练理念等方面得到了充分的体现，这些因素也是创新体能训练体系所必须考虑的要素。具有创新意义的训练理念能够切实推动训练计划的改革，而体系完善的训练制度更能够有力促进体能训练技术的发展。

### （三）体能训练创新体系构建的对策分析

1. 加大对外交流，努力推动自主创新

在体能训练的创新中，训练理念创新扮演着至关重要的角色，然而，要想获得先进的训练理念，必须在训练过程中总结相关的经验，并积极借鉴国外的创新

理念。模仿是一种具有创新性的行为，其核心在于对国外创新理念进行深度学习和探索。因此，本文将重点围绕着如何借鉴外国优秀的体育教学经验展开深入讨论和分析。相关科研人员应在专业理论方面不断研究，以探索出更多符合中国国情的体能训练创新理念。

2. 推动体能训练制度创新，紧密连接创新环节

在体能训练创新体系的三个层面中，体能训练制度的创新相当于桥梁的作用，我们不断促进体育训练制度的创新，才能确保这一创新路径的畅通，从而构建出一个完备的体能训练体系。从目前来看，我国皮划艇项目运动员体能状况与世界优秀选手相比还是存在着一定差距的。研究人员在观看国外皮划艇比赛时发现，国外代表队的桨叶具有波浪状的结构，而非中国队伍的整齐有序。科学家们在发现这一现象后，展开了深入的研究，最终发现，这种波浪状的结构能够促进船体的快速移动，因此从这一问题深入，开始了全面的训练改革，从而使得我国皮划艇项目的运动水平上了一个新的台阶。

## 第四节　竞技运动的技能训练内容与创新

在现代竞技运动训练中，对运动员技能的训练是一个非常重要的环节。其原因在于，运动员技能水平的高低直接关系其参加竞赛的成绩，运动员只有掌握了扎实的技能，并在训练中不断提升自己的技能，才有可能在竞赛中获得胜利。因此，虽然现代竞技运动训练十分重视运动员整体素质的提升，但对运动员技能的训练一直占据十分重要的地位。同时，伴随着现代竞技运动的快速发展，运动技能训练也要不断予以创新，以适应现代运动发展的速度。

### 一、技术与战术能力的基本理论

#### （一）运动技术

1. 运动技术的概念和特征

运动技术是运动员竞技能力的重要因素，为一既定目标而合理、有效地完成体育动作的方法。运动技术与体育动作不可分割，这是运动技术区别于其他技术

最显著的特征。运动员的动作技术只能通过身体动作表现出来，所以，运动技术又被称为“技术动作”和“动作技术”。运动技术一般具有以下四个方面的特征：

运动员的运动技术一般会表现出相对稳定的动作结构，但在比赛中，运动员可能会根据比赛环境和对手的变化对动作技术有所调整，也就使运动技术表现出一定的即时性。

随着科学技术和营养手段的提高，运动器械设备改进和运动员的身心素质不断发展，运动技术也处在动态发展过程之中。

运动技术是运动员运动能力的综合体现，一个运动员的运动技术需要生理、心理等各方面能力的配合才能有效发挥。

由于个体在身体形态、运动素质等方面的差异性，不同运动员的运动技术也会表现出不同的水平特征。

2. 运动技术形成的条件

各运动项目中的运动技术复杂多样，难度大、要求高，对其形成的条件要求也高。

影响运动技术形成的条件是多方面的，基本包括：运动员、教练员、训练条件和运动技术自身四个方面。

运动员方面主要包括：运动员的身体条件，运动素质发展水平，对训练所持的态度，各种感觉能力，神经系统控制肌肉和各器官系统的水平，智能发展水平和心理状态。

教练员方面主要包括：教学训练的经验，工作态度，训练的科学知识和方法，对运动技术的研究和掌握程度，以及对训练对象的了解。

训练条件方面主要包括：训练的环境，场地器材设备和适宜的气候温度。

运动技术自身方面主要包括：技术的复杂性、难易程度，以及是否符合生物力学原理。

只有上述各方面的条件具备，并通过科学的训练，才能使运动员掌握运动技术，达到精益求精、娴熟、运用自如的程度。

3. 运动技术原理

（1）心理学原理

目前，运动技术的心理学机制受到人们广泛关注，如运动技术的形成所需要的心理能力、认知心理的形成与发展、表象的形成与运用等对学习和掌握运动技术起着重要作用。

（2）生物力学原理

运动生物力学认为，运动技术的生物力学原理是以下基本要素合理适宜匹配的结果，即身体姿态，关节角度；身体和肢体的位移、运动时间、速度和加速度；用力大小及方向，用力的稳定性和动态力的变化速率；人体各环节的相互配合形成的方式；增大动力的利用率和减少阻力的技巧。

（3）社会学原理

运动技术服从的社会学原理主要是美学原理。技术美、动作美构成“运动美”。在体操、花样滑冰等，以表现难美类项群的技能主导类项目训练和比赛中，对技术美的要求是极为严格的。

4. 运动技术分析

技术训练的首要问题是技术分析。每个教练员、运动员在实施技术训练之前，都应对动作技术进行深入的研究与分析，明确动作的技术要领与方法，掌握其规律性。在技术训练过程中也要不断地对运动员掌握技术的情况进行研究与分析，及时地判定运动员完成动作的情况，通过与正确技术的对比，预防与纠正错误，使技术向理想化方向发展。

（1）技术动作特征

技术动作特征基本上可分为两个方面，即动作的数量特征和质量特征，这两个方面的特征虽然是相互密切联系的，但却可以分开来单独进行测量和研究。

（2）技术分析方法

技术分析方法大体有两种，即生物力学分析和简单观察分析。

①生物力学分析法

这种方法是以生物力学、人体解剖学的原理为依据，对技术动作特征进行分析的方法。这种方法要对技术动作进行必要的测量、计算，并以精确的定量数据进行分析，具有准确、可靠、有说服力的优点。但是，它需要大量的人力、物力和时间，而且需要分析者具有生物力学、解剖学、数学等方面的知识。此外，还需要实验的地点与必要的实验条件。因此，目前在训练实践中还难以广泛利用。但是，作为科学研究或对个别优秀运动员进行技术诊断却是十分必要的。

②简单的观察方法

这种方法要求教练员、科学研究人员对运动员在实地练习中完成技术动作的情况进行观察，然后与正确技术模式进行比较对照，从中找出错误，并分析产生的原因。它虽然只能进行粗略的估计与分析，但是由于它可随时运用、简单易行、不需过高条件，因而被广泛使用。这种方法运用的准确性，在很大程度上取决于分析者的经验和知识，有经验和水平较高的教练员利用这种方法也可取得令人满意的结果。

简单观察方法分析技术动作有两种做法，即在运动员完成动作时直接观察分析和借助电影、录像等技术间接观察分析。

除了常用的简单观察法和生物力学分析法外，还有从神经生理和对技能的感知与心理方面的描述进行的分析。这是从神经、心理对技能控制的角度进行的分析，是一种超越单纯的生物力学因素，而从深刻的技能控制源上去分析和探索运动员的技能表现，及其产生错误技术的原因的分析方法。

## （二）运动战术

### 1. 战术的类型

依据不同的标准，可以将现代运动的战术分为以下几种不同的类型：

（1）依据在比赛中执行战术的人数分类

依据在比赛中执行战术的人数，可将现代运动的战术分为个人、小组和集体（全队）战术。

个人战术是指个人所完成的各种战术行动。在技能类一对一的对抗性项目中表现尤为明显。例如，拳击、摔跤、网球的单打等，都是通过个人的战术与对手较量的，这时运用的战术就是个人战术。

小组战术是指全队在比赛中两三个运动员之间的协同配合所完成的战术行动。无论是体能类还是技能类的集体项目（包括双人）都存在着小组战术。例如，羽毛球、乒乓球、网球等双打项目一般采用的都是小组战术，运动员彼此间的体力、技术和战术以及心理因素协同配合形成了他们的战术行动。

集体（全队）战术是指由集体中的每个人的战术行动，按统一的方案进行的合理配合所组成的战术行动。在集体对抗性项目中集体战术显得非常突出，合理、有效的集体战术往往是取得胜利的关键。

在集体项目中，个人、小组、全队战术是紧密联系在一起的，个人战术是小组战术和全队战术的基础。只有当一个队是团结的集体，队里的分工既符合全队的任务，又符合每个运动员的个人能力和特长时，集体战术才能有效。同时，有效的集体战术还必须合理地运用预先掌握好的战术配合，并对比赛过程中突发的情况迅速作出果断的决定。

（2）依据战术表现的特点分类

依据战术表现的特点，可将现代运动的战术分为阵型战术、体力分配战术、心理战术。

阵型战术是在集体性项目中以一定的阵型，使每个运动员有一个相对的位置分工，并按一定的要求相互配合，从而构成一个完整的阵营形式去战胜对手的战术行动。例如，篮球运动中的二三联防阵型等。

体力分配战术是指通过体力的合理分配而取得胜利的战术行动。例如，在马拉松比赛中对运动员各个时间段的体能消耗的分配就属于体力分配战术。

心理战术是通过一些特定的方式和措施，造成对对手心理上的影响，而争取比赛胜利的战术行动。对一些技术性强的项目，心理战术显得更加重要，如考虑体操比赛运动员出场的顺序时，第一名上场队员在比赛中的成功与否对后面队员的心理状态影响很大。

（3）依据战术的攻防性质分类

依据战术的攻防性质，可将现代运动的战术分为进攻战术和防守战术。

进攻战术是指利用掌握主动权的机会，通过个人的努力和集体的巧妙配合，对对方发动主动进攻所组成的有目的的战术行动。

防守战术是指在个人或全队退守的情况下，通过个人、小组或全队的努力与协同配合，为达到阻碍对方进攻，夺回主动权所采取的有组织、有目的的战术行动。

进攻与防守战术主要运用在命中类的设防项目、制胜类项目和得分类项目中。在这些项目中，由于竞赛有着强烈的对抗性，因而，无论是个人项目还是集体项目，在整个比赛中，始终处于发挥与反发挥、限制与反限制的激烈竞争之中。这样就迫使比赛的双方尽可能采用进攻战术达到以己之长、攻彼之短，或运用防守战术来限制对方之长，争取主动，夺取比赛的胜利。

2. 战术在竞技运动训练过程中的地位

战术是根据比赛双方的情况，正确地分配力量，充分发挥己方特长，限制对方特长，为战胜对手而采取的合理有效的计谋与行动。

战术训练是竞技运动训练的重要内容。运动员的战术训练水平是构成其整体竞技能力的不可缺少的因素。一个运动员（队）的比赛成绩，除了取决于身体训练、技术训练、心理训练、智能训练和思想作风训练水平外，还取决于其战术训练水平。通常在竞技运动训练过程中，把运动员根据项目特点、个人训练水平和比赛条件合理地调控竞赛过程的能力理解为战术训练水平。比赛过程中战术的作用就在于把运动员已获得的身体、技术、心理、智能等训练水平，根据比赛双方的具体情况合理运用，充分发挥。

在技能类对抗性项目中，如篮球、足球、排球，比赛双方始终贯穿着发挥与反发挥、制约与反制约的激烈竞争。比赛双方为了力争主动，总是一方面力图发挥自己的特点，弥补自己的弱点；另一方面又要努力去限制对方的特长，扩大其弱点。这些意图的实现都是通过战术的合理行动而达到的。与技能类对抗性项目不同的周期性项目，其战术的主要部分则是选择和实施合理的比赛全过程的个人战术方案，如中长跑运动员在比赛过程中如何合理地分配自己的体力等。

战术训练水平同身体、技术和心理智能训练水平有着密切联系。如同一场对抗类篮球项目中的全场紧逼战术，对于提高运动员机体的无氧代谢能力起着有益的作用。战术运用也是一个“斗智”的过程，有利于促进运动员智能的发展。

3. 运动员战术意识培养的途径

战术意识的培养和提高有各种途径，最基本的应该是加强战术的教学和训练，让运动员比较系统地了解和掌握自己所从事运动项目的战术特征和竞赛的基本规律，在训练和比赛反复实践的基础上，不断积累经验。运动员战术意识的培养，具体可以从以下几个方面着手：

对运动员进行战术理论的传授，使他们深刻地理解和掌握较多的专项战术知识。

通过各种形式的训练和比赛，启发运动员对各种复杂情况的分析、判断和决策，培养他们的战术思维能力，以及分析问题和解决问题的能力。

使运动员明确处在不同情况下（如有球、无球、进攻、防守等）和不同位置的具体职责（包括任务、移动路线、与同伴配合的方式和时机等）。

战术意识的培养与运动员的思维活动有着密切的关系。一个运动员思维活动的灵活性、预见性和创造性必然决定他的战术意识水平。

## 二、技术与战术能力训练的基本要求

### （一）运动员技术训练的基本要求

1. 处理好基本技术与高难度技术的关系

基本技术是从事各个运动项目的基础，扎实的基本技术训练是运动员保持常高峰年限的重要条件。每个优秀运动员都进行过长时间的、系统的基本功训练。基本功训练到一定阶段，就要调整目标，向高难度技术进行挑战。难美类主导项目，对高难度技术要求更高。例如，我国跳水队在奥运会上取得成功的经验之一是，在训练中发展难度动作；在国际竞技健美操的比赛中，我国选手的难度动作的难度系数是相当高的，完成的质量高又体现出运动员扎实的基本功底。扎实的基本功可以让高难技术的发展速度更快，形成独有的绝技与风格。根据各个运动项目的技术特点、对象和训练阶段的具体情况，应做到长期系统地抓基本技术训练，努力掌握高难技术，让基本技术和高难技术有效结合，只有这样，才能不断提高技术的训练水平，创造出优异的运动成绩。

2. 要考虑到运动员个人特点

在技术训练中，除了要求运动员按统一的技术规格要求外，还应考虑运动员的个人特点，因人而异地提出不同的要求。一般技术模式只是从生物力学的角度规定了各个技术动作的要领方法，反映各项运动技术带有共性的普遍规律，而每个运动员在身体上、素质上、心理上有各自的特点，对他们实施技术训练也就不应按照一个不变的技术模式进行。在有些情况下，运动员的某些动作技术看起来不符合技术规格要求，但对该运动员来说，也可能是适合的。只有这样才能使训练更符合实际，才能扬长避短，充分发挥每个运动员的技术特点。

3. 处理好特长技术与全面技术的关系

不同的运动项目存在着特长技术和全面技术。其中，特长技术是运动员相对其他人掌握的具有一定优势和个人特点的技术，全面技术是组成专项运动的各个动作技术，其之间有着内在的联系，相互促进、相互影响，同时，要求运动员要全面掌握组成专项运动中的各个技术动作。

特长技术虽然有助于提高运动员在比赛中获胜的几率，但全面技术则可以为运动员获胜提供一个良好的运动基础，对发展运动素质、提高运动成绩有重要的意义。所以，两者的有机结合可以有效提高训练的效果。

第一，技术全面更不能忽视掌握重点技术。在技术全面掌握的基础上，要有针对性地精练几种重点技术。重点技术很好地发挥是要靠全面技术做保障的，相反，能够系统地掌握和发挥全面技术是离不开重点技术的依托的。重点技术应从三个方面来确定：第一，根据比赛分工的需要（如足球守门员的扑、打、滚翻、接球等技术）；第二，该项运动中带有关键性技术（如篮球的投篮、足球的射门）；第三，根据运动员个人特点，有利于发挥特长。

第二，在掌握全面技术训练的同时应抓重点技术，如抓训练中专项关键性技术、分工技术、运动员特长技术等。在大力着手于特长技术训练的同时，更不能忽略全面地掌握专项运动中的各项技术这一重点。其原因主要有两个方面。一是在运动竞赛中，技术是否合理是保证特长技术能否发挥的重要条件。有时运动员运动成绩的取得取决于水平较低的技术而不是较高的（特长）技术。即运动员技术系统（技术群）在竞赛中所能发挥出的整体效应有时要服从“木桶原理”。所以说，随着竞技运动训练实践的发展的需要，在平时训练中应要求运动员的特长技术和全面技术两者有机结合。二是在专项运动技术动作群中，各种技术动作之间往往有着密不可分的内在联系，起着相互促进、相互影响的作用，我们把这种作用称之为运动技术的“转移”。对于一个看似没有必要掌握和了解的辅助性技术，反而可能会影响特长技术水平的发挥。因此，在竞技运动训练的实践过程中，教练员必须处理好运动员特长技术与全面技术的关系。

4. 科学安排训练时间

技术训练的时间安排一般有两种做法：一种是集中连续式的安排，一种是间隔式的安排。选用何种类型的安排应考虑到以下两方面的因素：

（1）训练任务

如果训练是以掌握技术为主，是对初学者，宜采用集中连续式的安排，以便使运动员在大脑皮层留下深刻的技术"痕迹"，留下牢固的技术记忆。如果训练是以改进、运用技术为主，便可采用间隔式的安排。

（2）技术复杂情况

技术复杂宜采用间隔式的安排，以便运动员逐渐地学习，保持训练的情绪。但是，要掌握好间隔的时间，不可间隔的时间太长，以免头脑中记忆储存消失，影响技术训练质量。

### （二）运动员战术训练的基本要求

1. 树立正确的战术指导思想

战术训练不单纯是使运动员掌握几套比赛中运用的战术，而要使运动员首先树立正确的战术指导思想，才能使战术训练具有明确的目的性，使运动员更透彻地理解和掌握战术训练的内容。对集体项目来说，只有在正确的战术指导思想下进行训练和比赛，才能使全队思想统一、行动一致，形成一个坚强的战斗集体。要使运动员树立正确的战术指导思想必须把握以下几点：

第一，各运动项目竞赛过程发展变化的规律。

第二，国家、民族的特点。

第三，运动员参加竞赛的经验。

第四，运动员参加竞赛前的准备程度。

第五，全队的训练水平（包括身体、技术、心理训练水平等）。

第六，竞赛的条件和特点（包括竞赛的场地、裁判、观众等）。

第七，主要对手的情况。

2. 处理好"学习"因素与"训练"因素的关系

战术训练和战术学习是现代运动员战术训练过程的起点和基础，对整个战术训练过程产生重大影响。从特定角度认为，战术训练过程的实质是运动学习的过程。在这个过程中，包括接受信息，形成动作表象，建立动作程序；发出指令，完成动作；反馈和调整动作三个环节。

（1）接受信息，形成动作表象，建立动作程序

在进行战术学习时，运动员通过感觉器官从多种信息源上将所学的战术信息传到大脑皮层进行一系列加工，从而形成战术表象。由于人的信息加工能力的有限性，神经中枢只能同时处理一组信息，对在这一时期接踵而来的战术，机体对它的反应就会相应推迟或者根本不作任何反应。所以，运动员在学习的过程中，掌握重要战术信息的多少、认知能力的大小，以及学习时机和情绪的控制与把握，对运动学习起着十分重要的作用。

（2）发出指令，完成动作

大脑皮质按照形成的动作方案，向有关运动器官发出指令。运动器官按此活动，完成动作。由于种种原因，开始完成的动作不可能与预定方案完全符合，这就要通过下面的反馈、调节过程进行修正。

（3）反馈和调整动作

反馈信息来自两个方面：一是运动员本身的各种感觉、知觉；二是外部他人给予的信息。反馈信息传到中枢神经系统与原来的动作方案对照，据此调整动作方案，再次发出指令，实施动作。经过多次循环往复才能形成战术能力。

从一定意义上来说，“学习”效果将直接决定战术训练的效果。所以，在战术训练中，一是，教练员要有选择、有重点地向运动员提供有关动作的信息、详细研究战术的实质及要领，围绕关键战术，结合运动员个人特点和所练战术的掌握情况，确定给予信息的内容、顺序及频率，以使运动员对战术较易形成清晰的认识。二是，注意给予信息的时间。按在运动中给予运动员信息的时间特征，可将它们分为同步信息、快速信息和滞后信息。同步信息应在动作完成过程中给予（如教练员的呼喊）；快速信息应在动作后 25～30 秒钟给予；滞后信息则是在练习或比赛后给予。

3. 做好运动员的战术意识培养

培养运动员的战术意识，是战术训练中十分重要的课题。比赛中战术运用要靠赛前对全面情况的了解、判断和制定周密的作战计划，同时，教练员根据临场情况的变化，做出相应决策的临场指挥。但是，更重要的是要靠运动员有较强的战术意识。因为无论赛前情况了解得多么周密，临场指挥得多么及时、正确，都不可能把运动员的个人和相互配合的每一行动、攻防中的每一位置的移动等在事

先都加以预计和详细部署。而且比赛场上的情况是瞬息万变的，运动员在比赛场上既要按预定的战术行动，又要善于观察临场情况果断地采取相应措施。因此可以说，运动员在比赛过程中的每一行动，都应具有战术的性质。而这就要依靠比赛过程中运动员具有较强的战术意识。

在比赛过程中运动员战术意识的强弱，通常表现在以下几方面：

第一，在任何情况下，是否能保持战术思维的清晰、独立、敏捷和灵活性。

第二，能否经常使自己的行动与全队预先确定的比赛计划一致起来。

第三，能否在很短的时间内预见比赛进程的发展。

第四，能否使对手对自己的能力和意图产生错误的判断。

第五，能否及时准确地预见到同伴和对手的行动。

4. 基本战术同多种战术相结合

在战术训练中，要使运动员精练几套基本战术，这样，运动员才能在临场比赛中，根据已掌握的基本战术，随着情况的发展，灵活变化运用自如。基本战术的确定应以最大限度地发挥每个运动员的特长和高度协同配合，发挥全体力量及体现本队的战术风格为依据。但战术的运用是极其复杂多样的，一场比赛只靠一、两种战术往往是不够的。比赛开场、中场和终场等不同情况，领先、相持、落后等不同局面和临场各种因素的变化，都需要随之有战术的相应变化，而不能墨守成规。因此，在战术训练中，除了要掌握基本战术外，还应逐步建立起对待不同对手的多种成套的战术体系，以适应各种不同比赛对手。在战术训练中既不能华而不实，只求多而不求精，也不能把战术训练过于简单化。

## 三、技术与战术能力训练的常用方法

### （一）运动员技术训练的常用方法

1. 语言法

语言法是指在运动技术训练中，运用各种形式的语言，指导运动员学习和掌握技术动作的训练方法。其主要作用在于帮助运动员借助语词明确技术动作概念，纠正错误动作，提高技术水平。

教练员在运用语言法时，一方面要注意使用正确的专业术语来讲解技术动作的名称、过程和要领，帮助运动员建立正确的技术概念；另一方面要注意尽量精讲多练，深入分析动作技术的要领，加深运动员对技术动作的理解，以有效增加运动员练习的次数。此外，还要注意讲解的时机。在运动员的初级阶段，尽量较少使用讲解，让其多实践练习。在中高级阶段，运动员在大脑内对动作技术有了一定的意识、概念，这时加强讲解，便可以提高运动员对技术动作的感性认识。

2. 直观法

直观法是指利用运动员的感觉器官，使运动员建立对练习动作技术的直观表象，获得对练习动作的感性认识，从而帮助运动员达到正确思维、掌握和提高运动技术水平的一种常用训练方法。在竞技运动训练的过程中，运用直观法也需要注意三个方面的问题：一是要运用直观法和启发运动员的积极思维相结合；二是要根据每个阶段的具体条件和可能，广泛利用各种直观手段；三是要对低水平和年龄较小的运动员在训练时，做好各种示范工作。

3. 分解法

分解法是指将单个的技术动作分解成若干个环节或部分，然后对各环节或部分进行分别训练的方法。这种方法一般用于较复杂的技术动作的练习，可以有效缩短竞技运动训练的时间，集中精力完成专门的训练任务、提高学生学习的自信心，从而获得更高的训练效益。

教练员在运用分解法进行竞技运动训练时需要注意以下几个方面的问题。

在技术动作复杂并且有危险性时采用分解法。

在技术动作对身体能力要求比较高时可采用分解法。

一般情况下，运动员运动技术水平越高，分解练习的运用就越多。

对于复杂动作，在采用分解法时应注意阶段的划分，保证技术动作的结构特点和各部分的联系不被破坏。

4. 完整法

完整法是指从运动技术动作的开始姿势到结束姿势完整地进行练习，从而掌握技术的训练方法。其优点在于一开始就能使运动员建立完整的技术动作概念，不影响动作的结构和各部分间的联系。完整法多用于学习简单的技术或不能分解练习的较复杂的技术动作。

教练员运用完整法时应注意对比较简单的技术动作，在安排练习时应注意练习形式的多样性和竞争性，培养运动员之间的良性竞争意识。而对较为复杂的技术动作，则需要在采用完整法时降低整个技术动作的难度，使运动员在保持正确的基本动作结构的基础上，完成整个技术动作，确立自信心。同时，还要注意在运动员进行复杂技术动作的训练时，做好保护与帮助，使运动员建立完整、正确的技术动作的本体感觉。

### （二）运动员战术训练的常用方法

1. 模拟训练法

模拟训练是用一种模型去模拟另一系统，并借助模型，通过训练实践进行方案比较的一种“逐次逼近”最佳化的训练方法。要求在获得准确情报信息的基础上，通过与模仿重大比赛中主要对手的主要特征的陪练人员的对练，及通过在与比赛条件相似的环境中的练习，使运动员获得特殊技战术能力的一种针对性极强的训练方法。

2. 虚拟现实训练法

虚拟现实训练法是指运用高科技设备，将未来可能出现的比赛场景提前在电脑屏幕上“虚拟”出来，从而帮助运动员提高预见能力，以及在各种情况下灵活有效地运用战术的能力的训练方法。该训练方法对训练器材有较高的要求。目前，运动体能训练仍然较少使用，但是未来这种心理方法应该会发挥出越来越重要的作用。

3. 比赛训练

（1）教学性比赛

在运动教学中，在体育教学规律或原理的指导下，以训练条件为基础，通过组织专项比赛的基本或部分规则进行训练的方法，即为教学性比赛法。

（2）模拟性比赛

通过对真实比赛环境（包括对手状况、教练员、场地环境、观众情况等）的模拟，营造真实的比赛环境，使运动员严格按照比赛规则进行比赛训练。一般来说，技能主导类对抗性的运动项群中，模拟性比赛训练方法被经常采用。

（3）检查性比赛

在模拟或真实的比赛条件下，对运动员的比赛严格要求，训练的重点在于检验运动员在赛前训练的训练质量。该训练方法主要用于重大比赛前，适用于各种训练内容，对运动员在赛前的体能素质、运动技术水平、比赛承受能力，以及专项运动成绩水平进行检查。

## 四、现代运动技能训练的方法创新

### （一）将语言作为提示信号融入运动技能训练中

当运动员基本掌握运动技术（改进提高运动技术阶段）后，教练员的讲解相对减少，运动员自己练习的情况便会大大增加，在这种情况下，一些教练员是放任运动员自己进行训练，实际上若教练员能以语言作为提示信号，对运动员的技能训练进行引导，将会在很大程度上带动运动员训练的科学性。

运动员大多经过长时间的训练，已经全面掌握了运动项目的基本技能。在这种情况下，运动员的技能训练常常变为运动员自主进行的训练活动。事实上，这种情况很容易使运动员出现茫然、彷徨、无所适从的感觉，并对训练方法、训练内容失去兴趣，有的甚至出现了错误的技术动作也没有注意到，进而使运动员陷入一个十分被动的训练状态，这种情况会直接影响运动员在训练中掌握的技术动作和战术能力的效果。因此，在这种情况下，教练员要注意通过语言给运动员一定的提示，使他们始终感到练习的结果总是有良好的进展而更有练习兴趣，这样才有利于运动员完整、规范的技术动力定型的建立。

如果在训练开始前，就确立好运动训练的目标，那么教练员就会更容易地发现运动员训练过程中出现的问题，这样能够让运动员更好地对技术动作进行回忆和联想，这实际上起到了让练习者在练习运动技术的过程中集中注意力的效果，并在积极正面的引导环境下进行主动分析和比较，以便及时利用教练员的意见来修正自己所练习的运动技术动作。通过一段时间的训练，可以显著提高运动员的练习效果，相较于单纯使用传统的技术训练方法而言，这种练习的效果更为显著。

### （二）创设符合初学运动技术阶段人体生理适应过程的“比较分析”训练法

对于那些对运动项目还不够熟悉或掌握程度较浅的初学者而言，他们也能够经常接触到竞技运动训练，他们的运动技术训练“只有通过比较，才能有所鉴别，真正达到认识事物的目的”[①]；也“只有在分析研究上下功夫，才能在实际训练工作上享受到甜头”。初学运动技术动作实际上就是训练理论中“粗略形成运动技术动作的阶段”，[②]这个阶段的生理特点是大脑皮质兴奋过程广泛扩散，处于泛化阶段，动作表现不协调、吃力、缺乏自控力，伴随着较多的多余动作，动作质量很低、只能粗略掌握动作的主要过程。在此阶段，技术训练的首要目标在于协助初学者形成动作的外在表现形式，以便更好地学习动作技巧。如果没有清晰的动作概念和明确的动作要领，那么就无法准确地把握整个技术动作，也就不能达到良好的教学效果。因此，在技术训练方法方面，教练员可以运用“比较分析”的技巧，对初学者的技术动作进行全面的分析，从而为其提供有效的指导。

在运动技术训练中，比较是一种必要的思维过程，它可以确定所学技术动作之间的同异关系，而分析则是揭示技术动作背后科学原理的唯一途径。只有这样才能够真正地了解自己和对手之间存在的差异，才能更清楚地认识自己的长处和不足。在初级技术训练阶段，教练员应将初学者在训练过程中的各项表现都看作技术表现，并以此为出发点，通过他们技术动作的比较和分析，协助初学者掌握全面、正确的动作。因此，对于初学者和教练员而言，若不能够做到有的放矢，而是从宏观角度简单分析技术动作（或整套技术动作），那么在训练过程中，可能会出现错失重点的情况。如果教练员仅仅停留于这些方面的指导，那么这种“望子成龙”式的训练方法将是十分有害的。在技术训练过程中，教练员应当做到精准、规范的技术演示动作，当初学者结束每一次的练习之后，马上告知他们需要作出改进的技术部分，以协助他们建立起对所练动作的感觉，形成最为基本的动作认知。

① 熊斗寅．比较体育 [M]. 北京：人民体育出版社，1990.

② 茅鹏．竞技运动训练新思路 [M]. 北京：人民体育出版社，1994.

# 参考文献

[1] 郑现杰 . 体育竞技运动训练监控体系研究 [M]. 北京：新华出版社，2018.

[2] 沈建敏 . 体育教学创新与竞技运动训练研究 [M]. 北京：新华出版社，2018.

[3] 刘大庆 . 竞技运动训练学研究进展与理论探蹊 [M]. 北京：北京体育大学出版社，2013.

[4] 刘晔，郑晓鸿，牛海英，等 . 体能训练基本理论与实用方法 [M]. 北京：北京体育大学出版社，2011.

[5] 龙春生，孙永平 . 竞技运动训练学 [M]. 北京：北京体育大学出版社，2011.

[6] 赵鹏，于雅婷，马文广，等 . 竞技运动全营养辩证施膳技术研究 [M]. 北京：北京体育大学出版社，2011.

[7] 孙文新 . 现代体能训练 [M]. 北京：北京体育大学出版社，2010.

[8] 陈小平 . 竞技运动训练实践发展的理论思考 [M]. 北京：北京体育大学出版社，2008.

[9] 石岩 . 体育运动心理问题研究 [M]. 北京：北京体育大学出版社，2007.

[10] 郑晓鸿 . 高水平运动员年度训练周期的项群特征 [M]. 北京：北京体育大学出版社，2007.

[11] 杨伟梅，王昭昭，何细飞 .《青少年与成人先天性心脏病运动员竞技运动推荐意见》解读 [J]. 循证护理，2023，9（07）：1223–1227.

[12] 田麦久 . 我国竞技运动训练科学化进程的审视与评析 [J]. 上海体育学院学报，2023，47（02）：1–12，36.

[13] 余今红，刘军 . 生酮饮食控体重及对竞技运动表现的影响 [J]. 绍兴文理学院学报（自然科学），2022，42（04）：108–115.

[14] 李慈心，余蓉晖，杨水金，谭维扬，李昕泽．我国竞技运动训练理论研究的审视、热点与趋势——基于中国知网 2012—2022 年文献的科学计量分析 [J]. 体育科技文献通报，2022，30（10）：45–49.

[15] 马娜．高校竞技运动训练现状及优化策略 [J]. 当代体育科技，2022，12（27）：24–27.

[16] 易凤，李军，杨涛．自动情绪调节在竞技运动领域的应用与展望 [J]. 四川体育科学，2022，41（05）：63–68.

[17] 于浩然，母庆磊．热点与演进：竞技运动训练理论研究回溯与展望 [J]. 体育师友，2022，45（04）：23–27.

[18] 王水泉．竞技运动成为体育课程主要载体的渊源 [J]. 上海体育学院学报，2022，46（07）：8–18.

[19] 潘政彬，刘大庆．我国竞技运动训练学理论体系发展历程、经验及展望 [J]. 体育文化导刊，2022（06）：91–97.

[20] 张海仁 , 邵玉琴．浅谈竞技运动与智力训练 [J]. 哈尔滨体院学报 ,1987（04）：10–13.

[21] 蔺媛媛．基于心率控制的间歇训练法在 1500m 跑训练中的应用研究 [D]. 太原：太原理工大学，2022.

[22] 冯璐．竞技运动训练理论的中国特色化演进 [D]. 济南：山东体育学院，2016.

[23] 田伟康．体能训练中训练方法与手段的优选对中考体育成绩影响的实验研究 [D]. 太原：山西师范大学，2016.

[24] 赵鲁南．竞速运动制胜因素及训练特征的集成与分群研究 [D]. 苏州：苏州大学，2014.

[25] 刘俊一．无氧运动能力的理论机制与训练实践研究 [D]. 长春：东北师范大学，2013.

[26] 张捷．体育院校竞技运动训练专业健美操必修课教学内容与教学方法现状及对策研究 [D]. 西安：西安体育学院，2011.

[27] 杨森 . 大学高水平竞技运动训练方法体系优化设计研究 [D]. 宁波：宁波大学，2009.

[28] 陈亮 . 竞技运动训练过程组织管理的灰色系统理论与方法研究 [D]. 曲阜：曲阜师范大学，2007.

[29] 陈笑然 . 竞技运动训练方法的项间移植 [D]. 北京：北京体育大学，2005.

[30] 吴贻刚 . 论科学理论向竞技运动训练方法转化 [D]. 上海：上海体育学院，1999.